# मेरी प्रतिनिधि कहानियाँ

लेखक
सविता चड्ढा



डायमंड बुक्स
www.diamondbook.in

**प्रकाशक :** **डायमंड पॉकेट बुक्स (प्रा.) लि.**
X-30 ओखला इंडस्ट्रियल एरिया, फेज-II
नई दिल्ली - 110 020

फोन : 0111-40712200
ई-मेल : sales@dpb.in
वेबसाइट : www.diamondbook.in

---

**MERI PRATINIDHI KAHANIYAAN**
Edited By : Savita Chaddha

# मेरी चर्चित और प्रतिनिधि कहानियां

न जाने कितनी कहानियां हमारे आसपास जन्म लेती हैं और पूरा होने से पहले ही समाप्त भी हो जाती हैं। कुछ कहानियां ऐसी बन जाती हैं जो लक्ष्य तक पहुंचती हैं और समाज को सार्थक संदेश देने में सफल हो जाती हैं, जिसे एक बार पढ़ने के बाद पाठक भूल नहीं पाता। ऐसी कुछ कहानियां कभी-कभी चर्चित हो जाती हैं और समाज के समक्ष प्रतिनिधि कहानियों के रूप में सामने आ जाती हैं।

एक लेखक के लिए उसकी चर्चित कहानियां उसकी प्रिय भी हो सकती हैं लेकिन किसी लेखक की प्रिय कहानियां चर्चित हों, यह अनिवार्य नहीं होता। मेरी "यादें" कहानी 1982 में "जनयुग" समाचार पत्र में प्रकाशित हुई थी। इस कहानी के नारी रूप को काफी पसंद किया गया था। ये कहानी बाद में "आज का जहर" मेरे पहले कहानी संग्रह 1984 में भी प्रकाशित हुई थी। उस दौरान एक आयोजन में मुझे एक प्रेस कांफ्रेंस में जाना पड़ा था, यह 1985 की बात है। उस प्रेस कांफ्रेंस में फिल्म उद्योग की कुछ हस्तियाँ थीं। मेरे पास उस समय कहानी संग्रह "आज का जहर" और "घटनाचक्र" था, जिसमें यह कहानी भी थी। मैंने उस समय वह सम्मानपूर्वक उस फिल्मी हस्ती को दिया था। बाद में मैंने पाया कि मेरी इस कहानी के बहुत सारे अंश उनकी एक दो फिल्मों में शामिल थे।

मैंने किसी को कुछ कहा नहीं क्योंकि शिकायत करना और लड़ना मेरे नियमों में नहीं आता। मैं मानती हूँ ईमानदार लोगों को बेशक कुछ कम नसीब होता हो पर उनको रात में नींद बहुत अच्छी आती है। इसलिए आज भी मैं उस फिल्मी हस्ती का नाम नहीं लिख रही, न ही उस फिल्म का नाम लिखना चाहती हूँ।

1982 में मेरी कहानी "टूटा हुआ भ्रम" आकाशवाणी से प्रसारित हुई थी। कहानी पर काफी प्रतिक्रिया आयी थी और उसी साल मेरी ये कहानी

शिमला आकाशवाणी स्टेशन से भी प्रसारित की गई थी। उस समय मुझे शिमला से अठारह रुपए पिचहत्तर पैसे मिले थे। इस संग्रह में ये कहानी भी है। इस संग्रह में वह "काली कलूटी" कहानी भी है जिसे हिंदुस्तान टाइम्स में 1990 में प्रकाशित होने का गौरव मिला था। जब इस कहानी पर टेलीफिल्म बनी तो इसका शीर्षक रखा गया था "बू"। 1992 में जब दूरदर्शन में काली प्रसाद जी ने मेरी "काली कलूटी" कहानी को टेलीफिल्म बनाने के लिए चुना तो मैंने उन से अनुरोध किया कि मैं आपको इससे बेहतर कहानी दे सकती हूं लेकिन उन्होंने कहा कि नहीं वह इसी कहानी पर टेलीफिल्म बनाएंगे। कहानी आप खुद पढ़िए, कहानी के दो पात्र स्किडजोफ्रीनया के शिकार हैं और उनके जीवन में आने वाली समस्याओं ने उन्हें किस मोड़ तक पहुंचा दिया।

इसी प्रकार जब मेरी "मैजिक" कहानी कदंबिनी में छपी थी तो उस समय उस कहानी पर प्रतिक्रिया स्वरूप 200 से ज्यादा पत्र मुझे मिले थे। हर पत्र में एक जिज्ञासा की, कई प्रश्न थे। हर पत्र में कहानी के विषय में पाठकों को बांधे रखने की क्षमता थी, मेरी कहानी लेखन की विधा की बहुत खूबसूरत शब्दों में सराहना की गई थी। मैं बहुत खुश हुई थी और उन पत्रों में एक पत्र धीरज अरोड़ा जी का था जिन्होंने अपने पत्र में मेरी इस कहानी पर नाटक मंचन की अनुमति मांगी थी। जब मेरी उनसे बात हुई तो उन्होंने भी यही कहा कि उन्हें यही कहानी पसंद है और इस पर ही नाटक मंचन होगा।

जब इसके नाटक मंचन की प्रक्रिया संपूर्ण हो गई तो मैं मंडी हाउस में गई, वहां पर एक बहुत ही विशाल बैनर लगा हुआ था जिसमें विश्व के देश के प्रतिष्ठित साहित्यकारों की कहानियों पर नाटक मंचन हो रहा था, यकीन मानिए मैं उस बैनर में अपने नाम को देखकर, अपनी कहानी के शीर्षक को देखकर बहुत प्रसन्न हुई थी और जब मैं नाटक देखने गई तो उसका एक अलग अनुभव है। आप उस कहानी को पढ़िए और बताएं आपको मेरी "मैजिक" कहानी कैसी लगती है। इसी प्रकार मेरी एक और कहानी जिस पर मुंबई के आर.के. सोरल जी ने विडंबना नाम से टेलीफिल्म बनाई, उसे विस्तार दिया और उन्हें भी मैंने कहा यह कहानी बहुत पुराने समय की लिखी हुई है, जब बेटियों को लोग आदर की दृष्टि से नहीं देखते थे, लेकिन वह

नहीं माने और उन्होंने मेरी इसी कहानी को फिल्म के लिए चुना। इस फिल्म में मुंबई इंडस्ट्री के बड़े-बड़े कलाकार शामिल थे।

जब मेरी कहानी "हमारी बेटी" पर दूरदर्शन द्वारा टेली फिल्म बनाए जाने की स्वीकृति मुझे मिली, मेरे लिए ये बहुत ही प्रशंसा का विषय था। आप मेरी वह कहानी भी इस संग्रह में पढ़ेंगे।

इसमें मेरी वह कहानी भी है जिसे कदंबिनी ने "शोलीदा" शीर्षक से पत्रिका में प्रकाशित किया था और उस कहानी के लिए भी मुझे बहुत सारे पत्र मिले थे। "एकांतवास" और "मैजिक" कहानी देश की कई पत्रिकाओं में लगभग 50 से अधिक बार प्रकाशित हो चुकी हैं। इसी कहानी को पढ़कर एक प्रकाशक मेरे पास आए थे और उन्होंने मेरा कहानी संग्रह प्रकाशित करने के लिए मुझ से अनुरोध भी किया था।

उन्होंने मेरा कहानी संग्रह "नारी अस्मिता और अंतर्वेदना की कहानियां" शीर्षक से प्रकाशित भी किया था। इस संग्रह की इन कहानियों को बहुत प्रेम पूर्वक स्वीकार किया गया है। इसमें आप एक और कहानी पढेंगे जो 'प्रेम' शीर्षक से है। वह भी बहुत चर्चित हुई थी और उसके लिए भी मुझे बहुत सारे पत्र मिले थे। उसमें एक खूबसूरत पत्र यह कह रहा था कि "मैं भी विकलांग हूं और आपने इसमें विकलांग व्यक्ति को बहुत ही प्यार और आदर मिलता हुआ दिखाया है। मैं इस पर बहुत खुश हूं।" जब मेरे कहानी संग्रह "आज का जहर" पर महामहिम राष्ट्रपति आदरणीय ज्ञानी जैल सिंह का पत्र मुझे मिला तब भी मैं बहुत खुश हुई थी और जब डॉ. विंदेश्वर पाठक जी ने मुझे आशीर्वाद स्वरूप मेरे लेखन पर अपनी सकारात्मक टिप्पणी दी तो भी मेरा अंतर्मन आपके आशीर्वाद से अभिभूत हो गया था।

मैं कह सकती हूं यदि किसी लेखक की कहानियां पाठक के मन अंतर्मन को छू लेती हैं तो लेखक का लेखन सार्थक हो जाता है। हालांकि कोई भी लेखक केवल लेखक मित्रों के लिए नहीं लिखता लेकिन जब आपके समकालीन लेखक भी आपकी कहानियों की प्रशंसा करते हैं तो लेखक को बहुत अच्छा लगता है। मेरी कई कहानियों को सर्वश्री विष्णु प्रभाकर, डॉ. रामदरश मिश्र, यशपाल जैन, डॉ. गोविंद चातक, जयप्रकाश भारती, डॉ. नगेंद्र, विद्यानिवास मिश्र, राजेंद्र अवस्थी, दिनेश नंदिनी डालमिया, जगदीश चतुर्वेदी, डॉ. गंगा प्रसाद विमल, राजकुमार सैनी, श्रवण कुमार,

डॉ. अमर सिंह वधान डॉ. शशि भूषण सिंगल डॉ. गिरीश गांधी डॉ. राहुल, डॉ. रवि शर्मा, मुकेश मिश्रा, डॉ. ओम प्रकाश अग्रवाल, डॉ. राज कँवल और रमेश गौड़ के अलावा बहुत सारे लेखक मित्रों ने समय-समय पर मेरी कहानियों को पसंद किया है, उन पर अपने विचार प्रकट किए हैं और मुझे प्रोत्साहित किया है।

बहुत प्रसन्नता है कि मुझे जितने भी पाठक मिले हैं उन्होंने मेरी कहानियों को पसंद किया और मेरे पास आज एक बहुत बड़ा खजाना उनके पत्रों का सुरक्षित है। उन पत्रों में से तीन चार सौ पत्रों को एक पुस्तक के रूप में भी एक प्रकाशक द्वारा प्रकाशित कर सुरक्षित किया गया है जिसका शीर्षक था "पत्रों की दुनिया।" आज आप सबको मैं अपनी कुछ चर्चित कहानियों को समर्पित करते हुए बहुत प्रसन्न हूं।

मेरी कहानी "गाँधी लौट आओ" हर साल दो अक्टूबर को अलग-अलग पत्र-पत्रिकाओं में छपती रही है। जब पहली बार प्रकाशित हुई थी तो उसके कुछ दिन बाद अखबारों में ये खबर भी प्रकाशित हुई थी कि सरकारी अनाथालयों का निरीक्षण हुआ और बुराइयाँ दूर करने पर कार्रवाई की गई। एक लेखक के लिए इससे बड़ी संतुष्टि क्या हो सकती है। जब मेरी कहानी "तस्वीर की आंखें" कादिम्बनी में प्रकाशित हुई थी तब भी ये कहानी काफी चर्चित रही थी। इस संग्रह की सभी कहानियां पत्र-पत्रिकाओं में प्रकाशित होने पर पाठकों के दिलों पर दस्तक देने का प्रयास कर चुकी हैं।

मेरी इन चर्चित और प्रतिनिधि कहानियों को महत्त्वपूर्ण और लोकप्रिय डायमंड प्रकाशन आपके सामने लाये हैं, मैं शुक्रिया अदा करती हूँ आदरणीय नरेंद्र कुमार वर्मा जी का। ये कहानियां मेरे दिल के बहुत करीब हैं और मुझे पूरी आशा है कि आपका अमूल्य स्नेह और आशीर्वाद इन कहानियों को अवश्य मिलेगा। आप पढ़िए जरूर, बिना किसी लेखक को पढ़े आप उसके बारे में कोई भी निर्णय नहीं ले सकते।

सादर,

**आपकी स्नेहाकांक्षी**

**सविता चड्ढा**

**899, रानी बाग**

**दिल्ली 110034**

# विषय सूची

# 1. यादें

दरवाजे की घंटी कई बार बज चुकी थी लेकिन ना जाने मैं किन विचारों में खोई हुई थी। बहुत देर तक जब दरवाजा नहीं खुला तो आगंतुक ने दरवाजे को जोर-जोर से थपथपाना शुरू कर दिया। मैं हड़बड़ा कर दरवाजे की ओर गई। शीला को सामने देखकर मुझ पर कोई खास प्रतिक्रिया नहीं हुई। मैंने सहज भाव में दरवाजा खोल दिया और चुपचाप एक कुर्सी पर आकर बैठ गई। शीला मेरे पीछे-पीछे कमरे में दाखिल हुई और पास आकर मेरे दाएं कंधे पर हथेली रखते हुए बोली, "कैसी हो कमला?" वह मेरे सामने एक दूसरी कुर्सी खींच कर बैठ गई और मुझे भरपूर निगाहों से देखने लगी। मेरी कनपटियों के आसपास फैलते सफेद बालों को देखते हुए वह धीरे से बोली "नाराज हो मुझसे भी, बोलती क्यों नहीं।"

"तुम देख रही हो ना! मैं कितनी खुश हूं और फिर मैं तुमसे क्यों नाराज होने लगी" मैंने उसकी बात का धीरे से जवाब दे दिया था। मैं कुछ और भी कहना चाहती थी लेकिन मुझे अपने गले में अचानक भारीपन महसूस होने लगा, जैसे गूंगी हो गई हूं और मन का सारा लावा आंखों के रास्ते बहने लगा।

बीस साल बाद आज शीला को अपने सामने पाकर जैसे मेरा विगत वर्तमान हो उठा। इतने सालों का अंतराल। उस ओर से कभी कोई मिलने नहीं आया। आज शीला आई है मुझे समझाने, मुझे अपने पति के पास चले जाना चाहिए उस पति के पास जिसने मुझे बीस साल पहले उमा के लिए छोड़ दिया था। उमा जो शीला की बहन थी, अब नहीं रही।

उमा और शीला ये पांच बहनें थी। शीला और उमा लगभग मेरी हम उम्र थी। उनके साथ मेरी अक्सर दोस्ताना बातें होती रहती पर उनकी छोटी तीन बहनें मुझसे उम्र में काफी छोटी थी। उमा अपनी सभी बहनों में सबसे सुंदर थी। कॉलेज के जमाने में उसकी खासे लड़कों से दोस्ती थी। उसने 3 साल

कॉलेज में बिताए थे और उन दो-तीन सालों के अपने किस्से जो उसने मुझे सुनाए थे, आज भी याद हैं। उसकी एक आदत थी, वह जिस तरह भी अपना समय बिता कर आती, या जिसके साथ भी घूम फिर कर आती, उसकी सारी बात मुझे सुनाई बिना नहीं रह पाती थी। एक बार उमा ने मुझसे कहा था, "जानती हो कमला कितने ही लड़के मेरे इर्द-गिर्द चक्कर काटते हैं।" तब मुझे गुस्सा भी आया था उस पर। मैंने उमा से यूं ही पूछ लिया था "बता तो सही, तेरे पास क्या है ऐसा जो सब लड़के तेरे ही आसपास मंडराते हैं।"

तब उसने चहकते हुए कहा था "भई जहां गुड़ होगा वहीं मक्खियां भी तो आएंगी।"

जैसे लड़के उसके दोस्त ना होकर मात्र मक्खियां ही हों।

मैंने कहना चाहा था "मक्खियां गुड़ पर ही नहीं आती गंदगी पर भी आती है।" पर जाने क्या सोचकर मैंने अपनी जुबान पर आई बात को बाहर नहीं आने दिया था। एक इसी आदत ने मुझे बहुत नुकसान भी पहुंचाया है। मैं खुलकर कभी किसी को कुछ कह नहीं सकी थी।

शीला और मैं दोनों एक स्कूल में पढ़ते थे। हम दोनों ने एक साथ ही स्कूल छोड़ा था। शीला और मैं दोनों ही आगे पढ़ाई जारी नहीं रख सकी थीं। हालांकि उमा की उम्र बड़ी थी लेकिन उसने शादी के लिए साफ मना कर दिया था। हारकर मां-बाप ने शीला की ही शादी तय कर दी थी। उसके कुछ दिनों बाद मेरी शादी की बात भी चल पड़ी थी। शादी की बात याद आते ही जैसे कोई कसेली चीज मेरे मुंह में चली जाती है। आज मांग के आसपास फैलते हुए अपने सफेद बालों का भी मुझे ध्यान आ गया और साथ ही अपने मां-बाप का भी जिन्होंने मेरी शादी इतनी जल्दी कर दी थी। एक तरह से मेरा भविष्य ही नष्ट हो गया। मैं कुछ बनना चाहती थी। अपने पैरों पर खड़ी होना चाहती थी लेकिन जब मेरी जरा भी परवाह ना कर मेरे माता-पिता ने मेरी शादी तय कर दी थी, तब भी मैं विरोध में मुंह नहीं खोल पाई थी।

मेरे पति योगेश जिनका नाम लेते ही मेरे मुंह में छिपकली सी चली जाती है, मितली आने लगती है, रंगीन मिजाज के थे, उनके बारे में सोचती हूं तो मुझे शर्म आने लगती है। मेरे बहुत मना करने पर भी वह मेरी कोई बात नहीं मानते थे। अक्सर देर से घर आना, घर आकर अपनी बकवास मुझे

सुनाना। हां-हां वह बकवास ही हुआ करती थी। शादी से पहले मैंने सोचा था कि अपने पति की खूब सेवा करूंगी। सुनती आई थी पति परमेश्वर होता है। यही सब मेरे दिल दिमाग पर भूत की तरह छाया भी हुआ था। शायद तब मैं पूरी तरह से समझती नहीं थी। समझती होती तो क्या ऐसी धारणा को कभी अपने मन में स्थान देती। मेरे पति मुझे गंवार ही समझते थे। उन्होंने मुझे भीतर से तोड़ने के लिए कोई कोर कसर नहीं छोड़ी थी। सचमुच मैं धीरे-धीरे टूटने लगी थी। हमारे सब समझौते एक तरफा ही हुआ करते थे और मैं जानती थी एकतरफा समझौते कभी कामयाब नहीं होते। वह सक्रिय और मैं तटस्थ, निर्लिप्त... एक दिन मैं पूरी तरह टूट कर बिखर गई....।

उस दिन सोमवार था। मेरे पति बाहर जाने से पहले मेरे पास आए थे। एक अनजाने भय से मैं सहम गई थी। तभी वह बोले थे, "आज किसी को घर लाऊंगा, आज शाम को, अगर घर रहना ठीक समझो तो रहना, नहीं तो कहीं चली जाना", कहकर वह फिर मुड़े "हां सात बजे आऊंगा", यह कहते हुए वह चले गए थे।

मुझे ऐसा लगा जैसे किसी पहाड़ के एक सिरे से खड्ड में मुझे जबरदस्ती धकेला जा रहा है। मेरी जगह कोई और होती तो शायद उसी दिन मर गई होती पर मैं आत्महत्या को पाप समझती हूं। यूं भी हर स्थिति में लगातार समझौता करते रहने की जैसे एक आदत ही बन गई थी। पता नहीं कैसी भारतीय नारी मेरे भीतर रह-रह कर जाग उठती थी। तब मैंने यह तय किया था कि मैं कहीं नहीं जाऊंगी। बस वही रात मेरे लिए एक कयामत की रात बन गई। रात के आठ बजे तक मैं बुत की तरह बैठी सोचती रही थी लेकिन योगेश नहीं आए थे। तब मैं सोचने लगी थी कि उन्होंने मजाक किया है। लेकिन तभी अचानक कमरे में योगेश ने प्रवेश किया था। मुझे याद है इनके माथे पर अनगिनत शिकन पड़ गई थी मुझे देखकर, आते ही बोले थे "तुम कहीं चली क्यों नहीं गई, तुम जिंदगी में कभी एडजस्ट नहीं कर सकोगी।" इतना कहकर उन्होंने बाहं से पकड़ कर मुझे अंदर वाले कमरे में धकेल दिया था और मैं बिना विद्रोह किए गठरी की तरह लुढ़क गई थी। कमरे का पर्दा कैसे बार-बार उड़कर मेरा मजाक उड़ा रहा था। मुझे चिढ़ा रहा था। मैं पर्दे की ओट से देखे बिना नहीं रह सकी थी। सामने उमा थी और मेरे पति उसे बड़े प्यार से उठा रहे थे। मैंने देखा और देखती रह गई। 11:00 बजे तक

मैं पर्दे की ओट से खड़ी देखती रही। उस बीच मैंने क्या-क्या नहीं देखा। जो व्यवहार मेरे पति को मुझसे करना चाहिए था और जो मेरे साथ कभी नहीं हुआ। वह सब उमा के साथ देख कर मुझ पर क्या-क्या नहीं बीता।

जब उमा चलने लगी तब मैं बाहर आ गई थी। मुझे देखकर उनके चेहरे पर परेशानी का कोई चिह्न नहीं था जैसे वह सब जानती हो। मुझे देखते ही मेरे पति बोले उमा ये कमला है मेरी पत्नी और कमला यही है उमा बी.ए. पास है और .....मेरी किस्मत का फैसला इतनी जल्दी ही हो जाएगा, नहीं जानती थी लेकिन हर फैसला स्वीकार करने की आदत थी और जबरदस्ती मैं इस घर में रहना नहीं चाहती थी। पति भगवान होता है लेकिन अपने भगवान को इस रूप में देख कर मन ग्लानि से भर उठा था। मैं यही सोच रही थी कि अगर मैं भी पढ़ी-लिखी होती, आत्मनिर्भर होती तो शायद मेरी यह हालत नहीं होती। मां-बाप की जरा सी भूल पर और अपनी ओर से हुई लापरवाही से कभी-कभी कितना भुगतना पड़ सकता है।

कोई विरोध या विद्रोह मैंने कभी नहीं किया था तो फिर यह बेइंसाफी अपने पति के साथ ही क्यों करती। तभी मुझे लगा था कि उमा मुझसे कुछ कहना चाहती है ....लेकिन मैं उसकी कोई बात नहीं सुनना चाहती थी। बस एक विष भरी मुस्कान लिए मैंने उसी समय वह घर हमेशा के लिए छोड़ दिया और सोच लिया था कि भविष्य में कभी किसी के साथ कोई समझौता नहीं करुंगी।

उस घर को छोड़कर कहां जाऊं, यही दुविधा थी मेरे पास। मेरे पास तब केवल एक मंगलसूत्र था और एक अंगूठी मैंने दोनों चीजों को बेचने का फैसला कर लिया था। मंगलसूत्र को किसी नाली में फैंक देने की इच्छा हो रही थी, पर मजबूरी थी। वह रात मैंने अपने घर के बाहर ही बिता दी थी और सुबह होने से पहले ही मैंने वह शहर छोड़ने का निश्चय कर लिया था, बिना किसी को कुछ बताए।

बहुत लंबी कहानी है इस बीच की, आखिर वहां से निकलकर मैंने एक ट्रेवल एजेंसी में नौकरी कर ली थी। एक महिला जो अच्छे दिल और दिमाग की लगी थी। वह ट्रैवल एजेंसी में मेरी एंपलॉयर थी। नौकरी के साथ मैंने पढ़ाई भी शुरू कर दी थी। उन दिनों मैं अपनी एंपलॉयर के यहां रहने लगी थी जो मुझे बेहद प्यार करती थी। बी.ए. पास करने के बाद भी

मैंने पढ़ाई जारी रखी थी। कुछ वर्षों के बाद मुझे उनका घर छोड़ना पड़ा था क्योंकि मेरी एंपलॉयर मुझे मजबूर करने लगी थी कि मैं अपने पति के पास वापस लौट जाऊं।

वहां से निकलकर मैंने राहत की सांस ली थी और समय बीतता रहा। आज मैं वकील हूं, अचानक शीला का आ जाना और एक बार फिर मुझे उसी पुराने समझौते के लिए मजबूर करना मुझे हास्यास्पद लग रहा था, पर मैं रो क्यों पड़ी हूं, शायद इसलिए कि कई सालों के बाद मुझसे कोई इस प्रकार मिलने आया है जिसने मेरी पुरानी स्मृतियों को फिर से ताजा कर दिया है।

शीला बार-बार समझा रही है... अब उमा नहीं रही, योगेश को तुम्हारी सख्त जरूरत है... योगेश बीमार है... उसे तुम्हारी बहुत याद आती है... आदि आदि... लेकिन मैं किसी की जरूरत का साधन क्यों बनूं, उस घिसी-पिटी कहानी को फिर क्यों दोहराऊं, क्यों मान लूं कि औरत क्षमा की मूर्ति होती है।

नहीं-नहीं यह कभी नहीं हो सकता। मैंने शीला को साफ इनकार कर दिया है। निराश होकर शीला लौट रही है और मैं दरवाजे पर खड़ी उसे जाते हुए देख रही हूं।

■■■

# 2. टूटा भ्रम

चांदनी ने आज के अखबार को देखा, पहले पृष्ठ के समाचार पढ़, पेपर को तह लगाया और चाय की चुस्की लेने लगी। चाय पीते-पीते उसने फिर पेपर को उलटना पलटना शुरू कर दिया। चांदनी की नजर एक खबर पर गई। पूरी खबर पढ़ते ही चांदनी के माथे पर पसीने की बूंदे चमकने लगी। वह और न पढ़ सकी। माथे का पसीना साड़ी के पल्लू से साफ कर वह ऑफिस जाने की तैयारी में जुट गई। चांदनी की शादी हुए लगभग 18 वर्ष हो गए हैं। चांदनी के 3 बच्चों में से सबसे बड़ी लड़की सुधा दसवीं में पढ़ती है और छोटे दोनों लड़के भी आठवीं और पांचवी में पढ़ते हैं। चांदनी के पति हरीश का अपना व्यवसाय है। आर्थिक रूप से चांदनी को कभी कोई तंगी नहीं आई। हरीश ने चांदनी को जीवन के सभी सुख दिए हैं। इतना सब पा लेने के बाद भी चांदनी असंतुष्ट थी। शादी के बाद के 18 वर्ष जैसे तैसे उसने बिता ही दिए थे लेकिन इन वर्षों के दौरान एक पल भी शांति से नहीं रह पाई थी। हर पल उसे बीती घटनाएं कचोटती रहतीं। उसे लगता कि उसके साथ सरासर बेइंसाफी हुई है। कभी-कभी वे स्वयं को दोषी मानकर पछतावा भी करती। व्यर्थ की चिंताओं और दुःखों से घिरी चांदनी ने अपने परिवार के साथ समय बिता ही दिया था। परंतु आज पेपर में इस समाचार को पढ़ वह परेशान हो उठी थी। ऑफिस पहुंचते ही चांदनी को समाचार पत्र वाली घटना याद हो आई। वह फिर पसीने से भीग गई।

ऑफिस लाइब्रेरी में जाकर चांदनी ने एक बार फिर समाचार पत्र देखा, उसमें स्पष्ट लिखा था अजमल खां रोड के पास स्कूटर की टक्कर एक ट्रक से, स्कूटर सवार की घटनास्थल पर मृत्यु। जगदीश जब भी अपने ऑफिस से जो कि अजमल खां रोड पर था, से निकलता किसी ना किसी से टकराता जरूर था। इतनी भीड़ वाले इलाके में से साफ बच के निकलना मानो जोखिम का काम था। चांदनी जब भी कभी जगदीश के स्कूटर पर

बैठी, डरती डरती। स्पीड से स्कूटर चलाना और कभी-कभी हाथ छोड़कर चलाना तो जगदीश की आदत थी, तभी तो आज यह खबर पढ़ते चांदनी को जगदीश की याद हो आई थी। चांदनी उसे फोन मिलाने लगी। जगदीश की बदली कहीं और हो गई थी। फोन पर बात करने वाले ने जब चांदनी से कहा मैडम आप मैसेज दे दीजिए हम उसे बता देंगे। तब चांदनी ने अपना नाम लिखवा दिया और शाम को अवश्य मिलने का संदेश भी कह दिया। चांदनी इन वर्षों में जगदीश से मिली नहीं थी। उसका फोन आने पर वह उससे बात जरूर कर लेती। 18 वर्ष पुरानी बातें, 18 वर्ष कुछ कम नहीं होते, लेकिन उसके सामने सब स्पष्ट था। उसे सारी बातें ऐसे याद थी जैसे आज ही की बात हो। उसे याद आ रहे थे वे दिन जब प्रत्येक दिन जगदीश उससे मिलने आता। प्यार की कसमें खाता, जगदीश ने चांदनी को शादी के सपने दिखाए थे। चांदनी गरीब परिवार की लड़की थी और जगदीश की सोसाइटी से जल्द ही प्रभावित हो गई थी। जगदीश पर चांदनी को बहुत भरोसा था। वह उसे बड़ा मान देती। उसकी कोई बात ना टालने की तो जैसे चांदनी ने कसम उठा रखी थी। चांदनी को वह दिन भी अच्छी तरह याद है जब उसे पता चला था कि जगदीश की शादी होने वाली है। उसने जगदीश से कई बार फोन पर बात करनी चाही। वह उसे नहीं मिला था। शादी से एक दिन पहले जगदीश के एक दोस्त ने चांदनी को समझा दिया था कि वह चांदनी से शादी नहीं कर सकता, वह मजबूर है।

जगदीश की शादी का दिन और चांदनी खुद पर नियंत्रण खो बैठी। जगदीश के घोड़ी पर बैठने से पहले ही वह उसके घर पहुंच गई थी। जगदीश ने उसे देखा तो वह घबरा गया और उसे खींचते हुए एक कमरे में ले गया। पीछे-पीछे उसके कुछ दोस्त भी आ गए जो जगदीश और चांदनी की मुलाकातों के गवाह थे।

चांदनी ने उस दिन जगदीश के पैर पकड़कर उसे याद दिलाया था कि उसने चांदनी के साथ ब्याह के सपने देखे थे। जगदीश ने शायद पहले से ही सब सोच रखा। जगदीश ने माफी मांगते हुए, अपनी मजबूरी का बहाना बनाकर, चांदनी को साफ कह दिया था कि वह उससे शादी नहीं कर सकता, वह मजबूर है। जगदीश की मक्कारी यही थी कि उसने उस दिन यह भी स्वीकार किया था कि प्यार वह आज भी चांदनी से करता है।

उस दिन चांदनी रोते-रोते पिछले दरवाजे से निकल कर अपने घर आ गई थी। जगदीश शादी के बाद भी चांदनी को अक्सर फोन करता और कभी कभार मिल भी लेता। उसे शायद यही डर था कि कहीं चांदनी उसकी पत्नी को कुछ बता नहीं दे। जगदीश नहीं चाहता था कि चांदनी उसकी पत्नी को कुछ बता दे। जगदीश चाहता था कि चांदनी उससे मिलती रहे। एक दिन तो चांदनी को मिलकर वह लगभग रो ही दिया था, पता नहीं कैसा असर था उसकी बातों में कि चांदनी उसे कभी भुला नहीं पाई। जगदीश का यह नाटक भी जल्द ही खत्म हो गया जब उसे पता चला कि चांदनी की शादी होने वाली है। जगदीश का यह डर भी जाता रहा कि चांदनी अब उसकी पत्नी को कुछ बताएगी।

शादी के बाद चांदनी ने जगदीश को भूलने की बहुत कोशिश की पर वह भूल नहीं सकी। अपने पति हरीश की सूरत में उसे जगदीश नजर आता। एक पल भी ऐसा नहीं बीता जब वह जगदीश को भुला पाई हो। वह अक्सर सोचती, जगदीश भी इसी तरह उसे याद करता होगा। उसे भी अपनी पत्नी की सूरत में चांदनी दिखाई देती होगी।

दिन गुजरते रहे, इन वर्षों में चांदनी ने अपने पति को कोई धोखा नहीं दिया। यह दूसरी बात है कि वह मन ही मन जगदीश की बनी रही।

चांदनी ने देखा लंच टाइम हो गया था और सब लोग लंच के लिए जा चुके थे। भारी मन से लंच करने के लिए उठ गई। आज सारा दिन चांदनी जगदीश के बारे में ही सोचती रही।

बुझे मन से उसने अपनी टेबल पर पड़ी फाइलों को देखा और उन्हें निपटाने लगी। चांदनी ने देखा सभी लोग दफ्तर से जा रहे हैं। वह भी उठ खड़ी हुई। उसे विश्वास था जगदीश जरूर आएगा। ऑफिस से बाहर निकलते ही चांदनी ने जगदीश को सामने पाया। वह धीमे कदमों से उसकी तरफ बढ़ने लगी। जगदीश ने उसे देखा और हंसते हुए बोला "आज इतने वर्षों के बाद मेरी याद कैसे आ गई।"

"यूं ही...।" चांदनी ने जवाब दिया।

"कुछ बात तो होगी।" जगदीश ने पास आते हुए कहा।

"नहीं... वैसे ही... पता नहीं...।

आज पुरानी बातें याद आ गई थी, सोचा तुमसे बात ही कर लूं।" चांदनी ने जगदीश के चेहरे पर नजर गड़ा दी।

"बात ही कर लूं..."

"क्या तुम्हारे पति कहीं बाहर गए हुए हैं...।" जगदीश ने पूछा।

"क्या मतलब...।" चांदनी ने जगदीश को प्रश्न भरी निगाहों से देखा।

"अरे नाराज नहीं होना ...मैंने तो यूं ही पूछ लिया था।" अच्छा चलो कहीं बैठकर कॉफी पीते हैं बहुत दिन हो गए।

"काफी नहीं आज..... अच्छा एक बात बताओ, क्या तुम मेरे एक प्रश्न का उत्तर दोगे?"

"एक प्रश्न... कैसा प्रश्न...? अच्छा पूछो।" जगदीश ने उसी शरारत को बनाए रखा।

"जगदीश तुम मुझे चाहते थे... इतना मेलजोल था... फिर तुमने मुझसे शादी क्यों नहीं की?"

चांदनी ने गंभीर होते हुए कहा और उत्तर की प्रतीक्षा में जगदीश के चेहरे को ध्यान से देखने लगी।

चांदनी के प्रश्न से जगदीश की सारी शरारत लुप्त हो गई। वह बहुत गंभीर हो गया और बोला "शादी... देखो अगर तुम चाहती हो कि मैं सच बोलूं, तो मैं सच बोलता हूं।... वैसे आज मैं तुमसे पहली बार ही सच बोल रहा हूं।" जगदीश आगे कुछ कहता कि चांदनी ने हैरान होते हुए पूछा "क्या कहा... पहली बार सच बोल रहे हो?" वह लगभग रुआंसी हो गई थी।

जगदीश ने उसी मुद्रा में फिर कहना शुरू किया, "अब मैं तुमसे और झूठ नहीं बोलूंगा। मैंने तुमसे शादी इसलिए नहीं की थी... वह बात करते-करते चांदनी के चेहरे पर देखने लगा। चांदनी ने जगदीश की तंद्रा भंग की "बोलो बोलो क्यों किया तुमने मेरे साथ ऐसा?"

वह गला साफ करते हुए बोला, "पता नहीं क्यों.. मुझे अक्सर लगता था कि तुम अगर छिपकर मेरे साथ मिलती हो तो पता नहीं और भी किसी से मिलती होगी।...बस यही बात थी, वैसे तुम सुंदर हो, पढ़ी-लिखी हो, समझदार भी हो पर आज मैंने तुमसे अपने दिल की बात कह दी है। अब सच कह रहा हूं तो एक बात और कह दूं, मैंने कभी तुमसे शादी वाला प्यार किया ही नहीं।"

"क्या कहा, कभी प्यार किया ही नहीं... और" चांदनी ने अपना सिर

पकड़ लिया, उसे लगा वह चक्कर खाकर गिर पड़ेगी। तभी उसने देखा जगदीश स्कूटर स्टार्ट कर जा चुका था।

चांदनी ने अपनी आंखों को छुआ वे गीली थी। चांदनी ने आंखें साफ कीं और झटके से विचारों को छोड़ा और अपने घर जाने के लिए वह बस स्टैंड की ओर चल पड़ी।

आज चांदनी का भ्रम टूट गया था। जिस प्रेम के नाम पर उसने अपने विवाहित जीवन के 18 वर्षों की बलि दे दी थी, उसी प्रेम की यह दशा। परंतु आज उसे मानसिक शांति भी मिली थी। मन से एक बहुत बड़ा बोझ जैसे उतर गया था। वह दफ्तर से घर पहुंचने तक जगदीश को बार-बार कोस रही थी जिसने उसके जीवन के कई वर्ष झूठे प्रेम के भ्रम से दूषित कर दिए थे। काश जगदीश ने यह बात उसे अपने शादी वाले दिन ही बता दी होती तो उसका जीवन भी सहज रहा होता, बेकार वह हरीश में जगदीश ना तलाशती बल्कि जगदीश की छाया भी अपने दिल-दिमाग पर नहीं आने देती।

आज चांदनी का मोह जाल भंग हो चुका है। वह सिर्फ अपने परिवार की है। चांदनी के बढ़ते हुए कदमों से यह स्पष्ट दिखाई दे रहा है कि भले ही वह बीते समय की पूर्ति न कर सके पर आने वाले समय में वह कभी बांटी नहीं जा सकेगी।

■■■

# 3. काली कलूटी

मेरे पति के एक दोस्त चंद्र को स्किडजोफ्रीनया अर्थात खंडित मानसिकता की बीमारी है। वह उपचार के लिए एक नर्सिंग होम में दाखिल है। जब मुझे इसकी जानकारी मिली तो मुझे उसे देखने की इच्छा हुई। वास्तव में इस बीमारी के बारे में मैं थोड़ा बहुत जानती थी और ऐसे मरीजों से मैं पहले भी मिल चुकी थी। ऐसे मरीजों की सोच कभी-कभी एक ही जगह स्थिर हो जाती है और वह केवल उसी के बारे में सोचते रहते हैं। उन्हें आसपास की खबर भी नहीं रहती और कभी-कभी वह गलियों और सड़कों पर भाषण देने निकल पड़ते हैं। भाषण का विषय वही होता है जिस पर उनका मन अटक गया हो। खैर मैंने अपने पति से अनुरोध किया कि मैं अगली बार चंद्र भैया को देखने आपके साथ जाऊंगी।

दूसरे ही दिन मैं और पति राकेश चंद्र को देखने नर्सिंग होम चले गए। जब हम नर्सिंग होम के स्वागत कक्ष की ओर बढ़ रहे थे तो सामने से आती एक वृद्धा अचानक लड़खड़ा कर वहीं गिर पड़ी। उसके हाथ में लाठी थी जो छिटक कर दूर जा गिरी थी। मैं भाग कर उसे उठाने को हुई, एक दो और लोग भी मेरी मदद को आ गए। मेरे मुंह से निकला "अरे ये तो उक्ता जी की मां है। हालांकि मैं उन्हें पहचान गई थी पर उनसे पूछना ही ठीक लगा क्योंकि काफी बरसों के बाद मैंने उन्हें देखा था। मैंने पूछ लिया "आप उक्ता जी की मां है ना।" वह अपनी ऐनक ठीक करते हुए मुझे पहचानने की असफल कोशिश करती हैं।

उन्हें असमंजस में पड़ा देख मैं अपना परिचय देती हूं... "जहां उक्ता जी बयाह कर के आई थीं मैं भी वहीं रहती थी।" उन्हें खामोश और कुछ सोचते देखकर मैंने उन्हें बताया। कमला नगर में रहती थी मैं भी, उसी गली में।" उन्होंने अपना हाथ मेरे सिर पर रख दिया पहचानने की स्वीकृति देते हुए। फिर धीरे से उन्होंने कहा "आजकल इसी अस्पताल में है उक्ता, मुझे लगता

है अब बचेगी नहीं। उसे पता नहीं क्या हो गया है, उसकी बीमारी का पता नहीं चल रहा, कोई मुश्किल सा नाम बताते हैं।" फिर अपना मुंह मेरे कान के पास लाकर धीरे से बोली "उसे बू आने की बीमारी है।"

मेरे पति ने मुझे घूरती निगाहों से देखा, मानो कह रहे हो बेकार लोगों के झगड़े में पड़ जाती हो। मैंने जल्दी से उनसे पूछा "कौन से कमरे में है उक्ता जी।"

"503 में, पांचवी मंजिल पर।" उन्होंने बताया और धीरे-धीरे चलती हुई नर्सिंग होम से बाहर चली गई। हम भी लिफ्ट की ओर चले गए। आई तो थी चंद्र भैया को देखने लेकिन अब रुचि उक्ता जी को मिलने में हो गई थी। चंद्र के बारे में तो मेरे पति ने मुझे बता ही दिया था कि उसके ससुराल वाले उसे काफी तंग करते थे। हर किसी का दिमाग तो सदमा बर्दाशत नहीं कर सकता। सहन करने की भी तो एक सीमा होती ही है जो कभी कभी टूट भी जाती है। उन्होंने मुझे यह भी बताया था कि एक बार चंद्र ने आत्महत्या की कोशिश भी की थी पर उन्हें बचा लिया गया था। अब वह अकेला है उसकी पत्नी उसे छोड़कर चली गई है और वह उसके चले जाने को सह नहीं पाया। उसके दिमाग का संतुलन बिगड़ गया था। अच्छी भली नौकरी चंद्र ने छोड़ दी और गलियों में घूमने लगा। सब को कहता फिरता था अपने-अपने घर संभाल कर रखो औरत के बिना घर नरक होता है। संभाल के रखना अपनी बीवियों को और फिर भागने लगता। लोग उस पर दया करते बाद में उसकी हालत और बिगड़ती गई।

मैं हमेशा सोचती हूं कि हमें जीवन में अच्छी सोच के व्यक्ति ही मिलने चाहिए। यदि जीवन में कोई बुरी सोच का व्यक्ति हमारे जीवन में प्रवेश कर जाए तो हमारा जीवन नर्क तुल्य हो जाता है। यही शायद चंद्र के साथ हुआ था। सर्दियों में सुबह सवेरे ही वह घर से निकल पड़ता, ना स्वेटर ना पैरों में चप्पल। लोगों से चाय मांग कर पीने लगा। उसे अपने घर में रहना अच्छा नहीं लगता। घर में उसकी मां उसके भाई सब ने कोशिश की कि उसका घर दोबारा बसा दिया जाए, पर क्या घर इतनी आसानी से बस जाते हैं। कुछ लोगों ने सलाह दी कि उसे पागलखाने में भर्ती करा दिया जाए। कई बार वह बचकानी हरकतें भी करने लगा था। मसलन राह चलती औरतों को घूरना। कभी-कभी उनके पास से गुजरता तो कुछ भी बक देता।

35 बरस की उम्र तक हालत बिगड़ी तो बिगड़ती ही गई। उसके पिता ने उसका इलाज कराने के लिए अपना मकान भी बेच दिया है। इस रोग का शिकार हुए उसे 5 साल हो गए हैं। हम अब चंद्र के कमरे में पहुंच गए। उसके चेहरे पर रौनक थी। हमें देखकर वह मुस्कुराया और उठ कर बैठ गया मैंने पूछा "क्या बात है भाई साहब! आप तो भले चंगे हैं।"

"रमेश ने बताया नहीं मेरे बारे में।" उन्होंने मेरे पति की ओर इशारा किया। मैं मुस्कुरा दी, उन दोनों दोस्तों ने अपनी-अपनी सिगरेट सुलगा ली जिससे उस कमरे में काफी धुआं हो गया। हल्की सर्दी का महीना था पर आग चाहे कितनी भी अच्छी लगे, चाहे वह फायदेमंद भी हो पर धुआं तो धुआं ही होता है नुकसान देह, कभी-कभी आंखों के लिए और कभी दिल के लिए और जब धुंआ बहुत बढ़ जाए तो पूरे शरीर को भी वह काला कर देता है।

मैं इस धुंए से बचना चाहती थी। यह कह कर कि जरा नर्सिंग होम देख लूं, मैं उस कमरे से बाहर आ गई। मेरा मन तो 503 नंबर कमरे में था। मैंने बाहर आकर राहत की सांस ली। गैलरी साफ-सुथरी थी, एकदम शांति, यहां सरकारी अस्पतालों वाला शोर शराबा नहीं था क्योंकि यहां पर धनवान लोग ही आते हैं, चाहे तन की बीमारी का इलाज करवाना हो चाहे मन की। मैं 503 नंबर कमरे के आगे थी। उत्तरा जी का कमरा खुला हुआ था। मैंने भीतर झांका साफ-सुथरे बिस्तर पर सफेद साड़ी पहने एक साफ-सुथरी औरत लेटी हुई थी। उसके साफ-सुथरे होने का सबूत था उसके साफ-सुथरे पांव जो इतनी सर्दी के बावजूद भी कंबल से बाहर थे। उसने अपनी बाजू से अपनी आंखों को ढक रखा था मानो उसे रोशनी से कुछ लेना-देना नहीं है कभी-कभी इंसान जब बहुत अंधेरों में गिर जाता है तो उसे जरा सी रोशनी भी चुभने लगती है। पता नहीं वहां खड़ी-खड़ी में क्या सोचती रही। वह जाग रही थी, उसने अपनी आंखों से बाजू को हटाया, आंखों को झपकाया, मानो उसमें से अंधेरे को बाहर उड़ेलना चाह रही हो और हैरानी से मुझे देखते हुए बोली "जी फरमाइए।"

मैंने कहा "बस यूं ही चहल कदमी कर रही थी आपको अकेले देखकर यहां रुक गई।"

वह चुप रही तो मैं भीतर चली गई। आपको कुछ चाहिए मैंने शिष्टाचार

पूछा ही था कि मेरी निगाह सामने बड़े फ्रिज पर चली गई। वह पलंग से उतरी सफेद चप्पल उसने पैरों में डाली और मुझसे बोली "आप यहां कैसे, मेरा मतलब है किस से मिलने आई है?"

मैंने कहा, "510 में, शर्मा जी को।"

वह हल्के से मुस्कुराई उसके चेहरे की सुंदर आंखें और काली आंखों को देखकर मुझे अपने इष्टदेव की याद आ गई जिनके चारों और एक देदीप्यमान चक्र रहता है।" आखिर भगवान भी तो इंसानों में ही बसता है। भगवान के सर के पीछे रोशनी का एक चक्र और भक्तों की आंखों के चारों और स्याही का चक्र। मैं सोच ही रही थी कि वह फ्रिज पर रखे थरमस में से चाय डालकर ले आई और एक गिलास मुझे दे दिया। जब कोई व्यक्ति बेतकल्लुफी ना दिखाएं तो यह मान लेना चाहिए कि वह सामने वाले व्यक्ति से दोस्ती करना चाह रहा है। मैं चाय पीने की इच्छा ना होते हुए भी गिलास थामकर चाय पीने लगी। चाय क्या थी निरा दूध था। मैंने कहा "चाय तो बड़ी स्वादिष्ट है पर इसे चाय कहना दूध का अपमान होगा।" वह खुलकर हंसी, "आप बातें खूब कर लेती हैं।"

"जी व्यक्ति और माहौल देखकर" मैंने भी मुस्कुरा कर कहा।

वह फिर हंसी "यानी आपको व्यक्ति और माहौल दोनों अच्छे लगे।"

"यकीनन" मैंने हामी भरी।

मुझे काफी देर हो रही थी, मैंने चाय खत्म की और खड़ी हो गई। उक्ता जी ने मुझसे कहा "आपका क्या नाम है?"

"धारा" इसे पलट दे तो राधा हो जाएगा। पर मेरा नाम धारा है। मैंने कहा तो वो कुछ सोचने लगी।" लगता है यह बात मैंने पहले भी कही सुनी है। वह अपने दिमाग पर जोर डालती है। मैं खुद ही उन्हें बताने लगती हूं "मैं भी कमला नगर रहती थी, जहां आप ब्याह कर आई थीं। तब मैं छोटी थी 15 बरस की थी, अपनी मां के साथ आपको देखने आई थी।"

"हां याद आया और मुझे सब लोगों ने उस समय बहुत ताने दिए थे कि यह तो बुड्ढी बहू है, हालांकि तब मेरी उम्र सिर्फ 26 बरस की थी और मनीष की 36 बरस पर उसे किसी ने कुछ नहीं कहा। उसे बुड्ढा नहीं कहा।" उक्ता जी दुखी मन से पुरानी बातों को याद करने लगी। तब जमाना खराब था, लोग अपनी बेटियों की 14-15 बरस की उम्र में शादी

कर देते थे। इसलिए मोहल्ले की कुछ बेवकूफ औरतों ने आपको बुड्ढी बहू कह दिया था। पर आपकी सुंदरता और सज्जनता भी किसी से छिपी नहीं रही बाद में।

"मैंने कहा तो उत्का जी उदास हो गई और बोली तब तुम छोटी थी पर आज तो तुम बड़ी हो गई हो। तुम से ढेर सारी बातें करने का जी हो रहा है।"

"जी मुझे भी आपसे मिलकर काफी अच्छा लगा। आपकी माता जी को देखकर मैं अनदेखा भी कर सकती थी परंतु इतने वर्ष बीतने के बाद भी मैं आपको भूली नहीं थी। इसलिए उन्हें देखते ही मैंने आपके बारे में उनसे बात की।" मैंने यह कहकर उत्का जी को अपना विजिटिंग कार्ड भी दे दिया। वह मेरे साथ गैलरी में आ गई और बोली "तुम्हें पता है मेरी बीमारी बड़ी अजीब है, बहुत पुरानी भी है, 22 बरस पुरानी है, शायद इसका कोई इलाज नहीं है। अंधेरा बढ़ते ही मुझे एक भयानक दुर्गंध का एहसास होने लगता है। लगता है इससे मेरा दम घुट जाएगा। तुम मुझे फोन करोगी तो शायद मुझे राहत मिले।"

जाते-जाते उत्का जी मुझे फोन करने को कह गई।

मैंने मुड़ कर देखा, वह आराम से चलते हुए कमरे की ओर जा रही थी, तेज तेज चलना तभी सही लगता है जब कोई मंजिल हो, मंजिल पर पहुंचकर भी यदि खड़े ही रहना है तो जल्दी क्यों? कमरे में पहुंचकर ही उत्का जी ने क्या करना है सिर्फ लेटना, सोचना, पढ़ना और डायरी लिखना।

जब वापस 510 नंबर कमरे के अंदर आई तो देखा कि धुएं ने छत तक पहुंचकर अपने पैर जमा लिए हैं। मैंने कहा "अब चलें" पति महोदय पहले ही बोल उठे "हां हां, मैं तो आप ही की राह देख रहा था।

फिर सोचा कोई सहेली मिल गई होगी यहां भी, क्यों सच कहा ना?"

"जी हां 503 नंबर कमरे में गई थी, उत्का जी से मिली।" मैंने कहा। इस पर चंद्र ने इतना ही पूछा "आप भाभी जी किसी से भी बिना जान-पहचान के बात कर लेती हैं।"

"जी हां, यदि दूसरे को ऐतराज ना हो तो और यदि मुझे लगे कि मैं किसी की मदद कर सकती हूं।

मैंने चंद्र भैया को जवाब दिया।

"आप भी खूब हैं।" चंद्र हंसा और फिर एकाएक उसका चेहरा गंभीर

हो उठा "आप उक्ता जी से मेरे बारे में बात करो ना, वे भी दुखी है और मैं भी। क्या हम दोनों मिलकर नहीं रह सकते?"

मैं उसकी बात सुनकर हैरान रह गई और बोली "चंद्र भैया तुम क्या सोच रहे हो, मुक्ता जी तो आपसे उम्र में बड़ी हैं।"

वह हंसा "उम्र का क्या है, जो मुझसे 10 बरस छोटी थी वही कौन सा मुझसे निभा पाई। लोग बेकार जाति, उम्र, खानदान देखते हैं...। क्या आपको नहीं लगता कि हम कभी बड़े नहीं होते। हमेशा अपने निर्णय दूसरों को देखकर, दूसरों से पूछ कर करते हैं।" चंद्र ने एक भारी प्रश्न मेरे समक्ष रख दिया था।

"सीधे सीधे कहो, तुम्हारा आशय क्या है।" मैंने अंजान बनते हुए पूछा।

"अब उक्ता जी की आयु 50 या 55 होगी और मेरी 40- 42 की फिर भी हम अपने निर्णय लेने में स्वतंत्र नहीं। ऐसा क्यों है?" शायद वह मुझे ज्यादा अक्लमंद समझता था।

मैंने अपने पति की ओर देखा लेकिन वे चुप रहे, हां इतना जरूर कहा "भाई चंद्र ये प्रश्न एक सोशल वर्कर से पूछ रहा है, इसलिए तुम ही जवाब दो, मैं तो चुप ही रहूंगा।"

मैं कशमकश में फंस गई, भला ऐसे प्रश्न क्या इतनी जल्दी हल किए जा सकते हैं। मैंने टालना चाहा और अगले दिन उक्ता जी से बात करके उसे बताने की कहकर उठ खड़ी हुई। काफी देर हो गई थी।

मैंने देखा चंद्र के चेहरे पर रौनक की जगह अब परेशानी आ गई थी।

सारे रास्ते में मैं चुप रही। मैं उक्ता जी के बारे में सोचती रही। बू आने की बीमारी भला ये क्या बीमारी हुई। इसका इलाज क्या है, कब तक ठीक होगी। रह रहकर उनका सुंदर और निराशा भरा चेहरा मेरी आंखों के सामने आता रहा। मैं समझ गई यह एक मनोवैज्ञानिक बीमारी है जिसका इलाज यदि समय से ना किया जाए तो पागलपन का रूप ले लेती है। क्या उक्ता जी पागल हो गई है पर वह बात तो बहुत अच्छे से कर रही थी, फिर विचार आया कई पागल भी तो बातें खूब अच्छी करते हैं बल्कि कभी-कभी तो उनके दिमाग काफी स्पष्ट और तेज होते हैं। मुझे चुप देख रमेश ने कई बार मेरी और देखा पर कुछ कहा नहीं बस एक बार इतना ही कहा "जो सोच रही हो सोच लो, बाद में बताना, उक्ता जी कौन है।"

"नहीं, नहीं मैं अभी बता देती हूं, उक्ता जी की शादी मेरे सामने हुई थी। तब मैं नौंवी में पढ़ती थी।

यह मम्मी के घर के पास ही ब्याह कर आई थी। इनके पति को भी मैं जानती हूं। बाद में करीब 2 साल बाद इन्होंने वहां से घर बदल लिया उसके बाद की मुझे खबर नहीं। "आज अचानक उक्ता जी की मां मिल गई और ...मेरे पति ने सुना और चुप लगा गए। उन्हें क्या लेना-देना इन बातों से, मैं अपने विचारों में डूब गई। उक्ता जी महरी की बात कर रही थी। वह तो देखने में ज्यादा सुंदर नहीं थी। काफी काली भी थी, हां सुगंध वाले पान से होंठ हमेशा लाल रखती थी। उसका गठा हुआ शरीर आकर्षक भी था पर क्या यह सब किसी पति को अपनी पत्नी से विमुख करने के लिए काफी है। घर पहुंचने तक मन परेशान रहा। घर पहुंच कर दूसरे कामों में व्यस्त हो गई। सच कहूं तो उनके बारे में भूल ही गई। रात को 8:00 ही बजे थे लगा बहुत रात बीत गई है। नवंबर के महीने में बहुत जल्द अंधेरा हो जाता है।

गली में आ गई सब तरफ सन्नाटा था रमेश बाहर चले गए थे। अभी तक नहीं आए क्या करूं। सोच ही रही थी कि फोन की घंटी बज उठी जल्दी से फोन के पास पहुंची सोच रही थी रमेश का फोन होगा।

मैंने जैसे ही फोन का चोंगा उठाया कि आवाज आई "धारा से बात कराओ।" मैंने कहा "बोल रही हूं।"

"मैं मुक्ता बोल रही हूं, नर्सिंग होम से, पहचाना।" उधर से आवाज आई।

"क्यों नहीं पहचानूगी, कहिए क्या कर रही हैं आप।" मैंने कहा और फोन के पास पड़े सोफे पर पसर गई। "मैंने क्या करना है, आप जो कार्ड दे गई थी उसे बाद में देखा, आप तो सोशल वर्कर हैं। बड़ा अच्छा लगा यह जानकर। आप क्या कर रही हैं।" उन्होंने पूछा।

"कुछ नहीं, आप से बातें करना चाहती हूं, ढेर सारी। कब करुं, आज फोन पर या कल नर्सिंग होम में आकर?" मैंने पूछा।

"जो कुछ पूछना चाहती हो अभी पूछ लो, मेरे जीवन का कोई भरोसा नहीं। वैसे भी मैं खुद ही तुम्हें कुछ बताना चाहती थी, पर पहले तुम अपनी बात पूछ लो।"

"आप दुर्गंध की बात कर रही थी। आपको किससे और कब से बू

आती है। आप रात को क्यों नहीं सो सकती?" मैं एक साथ अपने दिल की सारी बात पूछ रही हूं।"

"अरे! आप तो वही पूछ रही हैं जो मैं आपको बताना चाहती थी। खैर सारी बातें बताने में तो काफी समय लगेगा एक मुश्त बताती हूं। बाकी बातें मेरी डायरी में हैं जो मेरे कमरे में मेरे तकिए के नीचे हैं।

बाद में कभी पढ़ लेना। सुनो हमारी शादी कैसे हुई यह बताने से कोई फर्क नहीं पड़ेगा। जब मैं 27 बरस की थी और मेरा बेटा होने वाला था तो मैंने अपने पति को अपने मेहरी के साथ हमबिस्तर देखा था। उस समय मेहरी के हाथ राख से भरे थे। मेरे पति ने उसे मेरे ही सामने, मेरे ही बिस्तर पर..."

मुझे लगा वह सिसक रही है। उसकी आवाज नहीं आ रही थी। "फिर क्या हुआ, आपने देखा तो रोई नहीं, चिल्लाई नहीं, किसी को बताया नहीं।"

मैंने इतना ही पूछा।

"तब हम लोग किराए के घर पर थे। ऊपर मकान मालिक थे। नीचे का हिस्सा हमने किराए पर लिया हुआ था। कुछ कहती तो बेकार मोहल्ले में हंगामा होता। इसलिए उस समय चुप लगा गई।"

"बाद में आपने क्या किया? अपने पति से इस बारे में बात नहीं की।" मैंने पूछा।

"क्या बात करती, बस उसके बाद मुझे रोने की बीमारी लग गई। बाद में बात बेबात जब तब रोती रहती। छोटी सी बात मुझ पर असर डालती। मैं बहुत रोती। मेहरी को मैंने अगले दिन काम से अलग कर दिया पर वह बात मन से नहीं निकाल पाई। उसने मेरे घर में ही काम करना छोड़ा था। मोहल्ले के बाकी घरों में तो वह आती ही थी। बल्कि हमारे मकान मालिक के यहां भी वह काम करती रही और मुझे ऐसे देखती जैसे मैंने उसका कुछ छीन लिया हो। उन दिनों जो पीड़ा मुझे रही तुम उसका अंदाजा नहीं लगा सकती।" उक्ता जी कहकर चुप हो गई।

"आपके पति का व्यवहार कैसा रहा।" मैंने पूछा।

"कोई परिवर्तन नहीं था क्योंकि मैंने कभी इस बारे में किसी से कोई शिकायत नहीं की। क्या शिकायत करती और फिर इसका क्या परिणाम रहता। उस परिणाम को सहने के लिए मैं कतई तैयार नहीं थी।"

इस घटना के कुछ दिन बाद मेरे बेटे ने जन्म लिया। वह बहुत सुंदर

था। मैं सारे गम भुला कर उसके लिए जीने लगी। एक रात मेरे पति ने अपनी गलतियों के लिए मुझ से माफी मांगी। मुझसे कुछ दिन तक बड़ा अच्छा व्यवहार रखा और बातों बातों में मुझसे यह कसम ले ली कि मैं उनके अलावा किसी अन्य पुरुष के साथ शारीरिक संपर्क नहीं बनाऊंगी। मैंने उनकी बात मान कर यह कसम खा ली थी। सोचती थी मेरे पति सुधर गए हैं। वैसे भी मैं किसी और के बारे में सोच नहीं सकती थी। आज सोचती हूं की कसम ना उठाती तो शायद मैं ...। फिर कुछ दिनों के बाद मुझे अपने पति और मेहरी की बातें सुनाई देती रहीं। उस मोहल्ले में रहना दूभर हो गया। हमने वह इलाका ही छोड़ दिया और एक अच्छी कॉलोनी में आकर घर खरीद लिया।

पति का कारोबार बढ़ता गया। अब घर से ज्यादा समय वे बाहर बिताते, पर जिस दिन भी वे घर आते मुझे उनसे नफरत होती। वह मेरे साथ जोर जबरदस्ती करते तो मुझे लगता उनके चेहरे पर मेहरी के हाथों की राख है। उनके हाथों से मुझे बासी सब्जियों की बू आती। मैं चाहते हुए भी खुद पर काबू नहीं कर पाती। बच्चों की वजह से शोर भी नहीं मचा सकती थी और बाद में जब वह बू मुझसे दूर हो जाती तब भी मैं रोती रहती। मेरे शरीर को भी शायद .... प्यार की जरूरत थी, उसे मुझसे कुछ अपेक्षा थी। तुम सच मानो, कई वर्षों से मैं जल रही हूं। अपने पति से मुझे बू आती और किसी व्यक्ति कि मैं सोच नहीं सकती। क्योंकि मुझे कहा गया था यदि तुम किसी और पुरुष से संपर्क करोगी या संबंध बनाओगी तो तुम्हारा बेटा मर जाएगा। मैं क्या करती अब किसी को मेरी परवाह नहीं। ना उस बेटे को ना ही मेरे पति को।" उक्ता जी अब रोने लगी थी। रोते-रोते शायद उन्होंने फोन रख दिया था क्योंकि मैं कई बार हेलो! हेलो! बोली पर दूसरी तरफ से कोई आवाज नहीं आई।

उस रात में ढंग से सो भी नहीं पाई। रमेश ने कई बार कहा "सुबह तो तुम उक्ता जी से मिल ही रही हो, अब रात को ऐसा क्या है, सो जाओ।"

उस दिन रविवार था रमेश के साथ मैं नर्सिंग होम गई। उस समय सुबह के 7:00 बजे थे दरवाजा बंद था। मैं भीतर चली गई। उक्ता जी के मुंह के ऊपर तकिया था। मैंने तकिए को उठाया। उक्ता जी की आंखें खुली हुई थी। मैंने उन्हें छूआ वह बिल्कुल ठंडी थीं। मैंने उन्हें ऊंचा उठाया रमेश की

मदद से, हिलाया पर वह एक ओर लुढ़क गई। मेरी नजर डायरी पर पड़ी जो उक्ता जी के हिलाने-डुलाने में उनके नीचे दबी हुई थी। मैंने उसे झटपट खोला। डायरी का अंतिम पन्ना। आखिरी पन्ने पर लिखा था.... तारीख...आज धारा से बात कर रही थी। धारा जो मेरी छोटी बहन की तरह है। कई लोग एक बार मिलकर भी बहुत अपने हो जाते हैं। उससे बात करते-करते मैं बहुत भावुक हो गई। उसे वह सब कह गई जो आज तक मैंने किसी को नहीं बताया। अपने रिश्तों के नाम से भी मुझे बू आने लगी है। आज ही मैंने उन सबको याद किया था। उन्हें मैं और अपने जीवन में याद नहीं करना चाहती, इसलिए मर रही हूं। आत्महत्या का कारण बू नहीं वह बुरी काली कलूटी सोच है जिसने इस दुनिया में मुझे ही नहीं कईयों को बर्बाद किया है। डायरी मेरे हाथ में थी, कानों में गूंज रहे थे चंद्र के शब्द "उक्ता जी से मेरी बात कराओ ना।" चंद्र के कमरे में पहुंची तो उसका कमरा खाली था। पता नहीं वह कहां चला गया था। शायद भाषण दे रहा होगा किसी सड़क पर।

■■■

# 4. मैजिक

हेस्टिंग्स आए हुए मुझे बहुत वर्ष होने को हैं। यह लंदन से थोड़ा दूर एक बेहद साफ-सुथरा गाँव है। मेरा यहाँ आना कैसे हुआ, मुझे भारत क्यों छोड़ना पड़ा, यह एक मार्मिक घटना है।

दिल्ली में, मैं सरकारी कार्यालय में एक अधिकारी के पद पर थी। एक दिन मेरे कार्यालय में एक व्यक्ति आया। वह बेहद काला था। उसकी आँखों में शायद कुछ दोष था जिस कारण उसने काला चश्मा लगाया हुआ था। उसकी नाक चेहरे पर अधिक फैली हुई लग रही थी तथा होंठ भी बड़े भद्दे से थे। कुल मिलाकर वह व्यक्ति दैत्य के आकार का, एक अजीब सा, अगर सच कहूं तो एक भद्दा दिखने वाला शख्स था। उसने मुझे अपनी संस्था की डायरी तथा कैलेंडर दिया। मैंने उसका आभार प्रकट किया। शाम को जब मैं अपने दफ्तर से निकली तो वह अभी भी बाहर खड़ा था। मेरी बस दफ्तर के सामने ही रुका करती थी। उसकी ललचाई सी दृष्टि देख मैंने उसे अवहेलना भरी दृष्टि से देखा और पेड़ के नीचे खड़ी हो गई। मैं बस की प्रतीक्षा करने लगी और भी बहुत से लोग अपनी-अपनी बसों की प्रतीक्षा में वहां खड़े हुए थे। वह चुपचाप दूर खड़ा देखता रहा। मेरी बस आ गई। मैं उसमें सवार हो गई। मैंने देखा वह भी मेरी बस में आ गया है। मैंने सोचा उसे भी इसी रूट की बस पर जाना होगा। बस में सीट मिलते ही मैंने टेक लगाई और आँखें मूँद ली। मैंने महसूस किया किसी का हाथ मेरे बालों को छू रहा है। मैंने पीछे मुड़ कर देखा, वह व्यक्ति मेरी सीट के ठीक पीछे की सीट पर बैठा है। मैंने उसे क्रोध में देखा पर वह घबराया नहीं, वैसे ही बैठा रहा मानो उसने जानबूझकर कुछ नहीं किया। मैंने फिर टेक लगा ली और आँखें मूँद ली पर उसके पीछे बैठने का एहसास मुझे बना रहा।

अगले दिन मैं अपने घर से ऑफिस के लिए अपने बस स्टॉप पर पहुंची तो वह पहले से ही वहां खड़ा था। उसे देखते ही मुझे क्रोध आ गया लेकिन वहाँ हमारी बस के नियमित यात्री खड़े हुए थे। मैं भी चुपचाप खड़ी हो गई। वह मेरे पास आया और अपने ब्राउन कोट की जेब से उसने एक पुड़िया सी निकाली और कहा यह आपकी अमानत कल बस में गिर गई थी। मैंने उठाकर रख ली। मैंने जल्दी से वह पुड़िया पकड़ ली और इधर-उधर देखा, कहीं किसी ने देखा तो नहीं। मैंने पुड़िया खोली तो उसमें बालों में लगाने वाली हेयर पिन थी। मुझे लगा कल टेक लगाने से ये आसानी से मेरे बालों से गिर गई होगी। मैंने उसकी बात का कोई जवाब नहीं दिया और वह पुड़िया वहीं फेंक दी। उसने अपना रुमाल उस पुड़िया पर गिराकर वह हेयर पिन कोड पुनः अपनी जेब में रख लिया। मैं दिल ही दिल तिलमिला कर रह गई। बस आई और वह भी मेरे पीछे वाली सीट पर बैठ गया। मैं सारे रास्ते बेचैन रही।

उस दिन कार्यालय पहुंच कर मैंने अपनी एक मित्र आशा को बुलाया और पूछा "एक बात सच-सच बताना, क्या मैं ऐसी दिखती हूं कि कोई मेरे पीछे पड़ जाए और कोई मुझे आसानी से उपलब्ध होने वाली समझ ले।"

आशा ने कहा था "पागलों जैसी बातें करती हो, औरत जैसी भी हो, कैसा भी व्यवहार करें, पर कुछ आदमी उस पर हावी होने की कोशिश करते हैं।" उसने कहा था "आदमी तीन तरह के होते हैं, एक जो औरतों को देखकर लार टपकाते हैं, जिनकी लार दिख जाती है और दूसरे औरतों को देखकर अपनी पूंछ सिकोड़ लेने वाले, मानों औरतें उन्हें देखते ही निगल जाएँगी। भाई दोनों ही तरह के आदमी मुझे पसंद नहीं, तीसरी तरह के संयत व्यवहार के आदमी ही मुझे पसंद हैं।"

"आखिर बात क्या है?" आशा ने मुझे पूछा तो मैंने आशा को सारी घटना बता कर कहा कि मुझे उस भद्दे आदमी से डर लगने लगा है। उस दिन आशा भी मेरे साथ ही दफ्तर से बाहर आई और बस आने तक मेरे साथ रही। उसे वहाँ न पाकर मैंने राहत की साँस ली। आशा को वहीं छोड़ मैं बस में चढ़ गई। बस में बैठते ही मैंने देखा कि वह पहले से ही बस में बैठा हुआ है। उसे अनदेखा कर मैं ड्राइवर के केबिन में घुस गई। कैबिन में बैठने पर मैंने उसे देखा। वह इधर ही देख रहा था। उसने काला चश्मा अब

उतार रखा था। उसकी आँखें एक मुर्दे की खुली आँखों जैसी लग रही थी। मैं बाहर सड़क की ओर देखने लगी।

एक-एक करके दिन यूँ ही गुजरते रहे। कई वर्ष तक लगभग हर रोज मुझे दिखा, उदास, निराश, वह मुझसे कोई बात नहीं करता था क्योंकि वह मुझ से डरता था। बहुत सारी घटनाएँ हैं जिनका मैं उल्लेख नहीं करना चाहती और उसकी श्रद्धा को मैं इस उम्र में बाजारु भी नहीं बनाना चाहती, हां कुछ विशेष घटनाओं का वर्णन संक्षेप में अवश्य करूँगी ताकि आपको आगे की कहानी पर विश्वास आ जाए कि मैं लंदन कैसे पहुँची।

उससे बचने के लिए निजी कार से मैंने दफ्तर आना-जाना शुरू कर दिया, तो उसने भी कार खरीद ली। वह हमारी कार के आगे पीछे या साथ साथ ही रहता तो मैंने फिर बस में आना शुरू कर दिया। एक दिन हमारी बस नहीं आई तभी वह डरता हुआ मेरे पास आया और बोला "हमारी कार में यदि आप बैठें तो हमारी अंतिम इच्छा पूरी हो जाए।" मुझे उस पर बहुत क्रोध आया। जब उसने मुझे गुस्से में देखा तो कहा "आज ना सही, कभी ना कभी तो मैं आपको अपनी कार में बिठाऊँगा ही।" मैंने जवाब दिया था "इंपॉसिबल, इस जीवन में तो नहीं।"

इस पर उसने इतना ही कहा "गॉड इज ग्रेट।"

इन वर्षों में उसने कई प्रयास किए लेकिन मेरा पत्थर मन नहीं पसीजा। मैं जितना भी उसे कठोर बोलती, गालियाँ देती, वह हँसता रहता। हँसते हुए उसकी सूरत और भी भयानक लगती। एक बार तो मैंने उसे कह दिया, "तुम जानवर हो, तुम्हें मर जाना चाहिए, क्यों मेरे पीछे पड़े हो।" मैं उस दिन बहुत परेशान थी, मैंने कहा "मैं तुम्हारी शक्ल देख लूँ तो मेरा ब्लड-प्रेशर बिगड़ जाता है।" मेरी इन बातों को वह आराम से सह गया और बोला मैं जानता हूं, आपका प्यार का ढंग हमेशा ही निराला रहा है। शायद वे इस बात को इस तरह से लेता रहा था कि अगर मैं उससे परेशान हूँ तो मैंने अभी तक अपने परिवार को, अपने घर वालों को उसके बारे में क्यों नहीं बताया। हालाँकि उसने अपनी पत्नी को मेरे बारे में कुछ-कुछ बता दिया था, ऐसा उसने मुझे एहसास कराया था। उससे अगले दिन जब वह मेरे दफ्तर में आया तो बोला "वंदना जी बहुत हो चुका, इतने बरस कुछ कम नहीं होते, मैंने बहुत तपस्या की है आपके लिए, सिर्फ एक बार, आप मेरी कार में चलिए, हम चाय

या कॉफी पिएँगे, मैं कसम खाता हूँ, मैं सच कह रहा हूँ आपकी इच्छा के विरुद्ध मैं कुछ नहीं कहूँगा बताओ ना, आप कब चलोगी?" उसके चेहरे पर मेरी हाँ सुनने की बहुत बेताबी दिखी थी। मैंने उसे साफ साफ कह दिया था, "मेरे इरादे को आप नहीं बदल सकते, मैं न तो कभी आपकी कार में बैठूँगी और न ही कॉफी पीने चलूँगी, मैं शादीशुदा हूँ मेरा परिवार है, मेरा ऐसा करना धर्म के विरुद्ध है।" मेरे आखिरी वाक्य से उसका चेहरा और भयानक हो गया। उस दिन मैंने पहली बार उसे गुस्से में देखा था, फिर भी वह धैर्य से बोला "आज शाम को मैं कार लेकर आऊँगा, बस एक बार, मेरे लिए, मुझ पर दया करो, नहीं तो मैं मर जाऊंगा।" वह रुआंसा हो गया था। मुझे लगा कि वह बच्चों जैसी जिद कर रहा है। मुझ में भी जिद थी, मैं बहुत जिद्दी थी, शायद वह मुझसे भी ज्यादा जिद्दी था।

उस दिन मैं उससे पहले ही 4:30 बजे दफ्तर से निकली, मैंने देखा वह पहले ही बाहर खड़ा था। उसका चेहरा खिल उठा, मेरे पास आ गया और बोला "कार पार्किंग में है, मैं लेकर आता हूँ।" वह गया तो मैंने ऑटो पकड़ कर अपने घर की राह ली।

अपनी अगली सुबह जब मैं बस स्टाप पर पहुँची तो सब लोग बतिया रहे थे "वह कार के साथ ही यमुना में जा गिरा, कार तो मिल गई परंतु उसकी लाश नहीं मिली, तलाश जारी है।" बातचीत में मुझे यकीन हो गया कि यह लोग उसी व्यक्ति की बात कर रहे हैं।

हम सब लोग उसके घर जाकर उसकी पत्नी से मिले। उससे जानकारी मिली, पता चला वह तंत्र-मंत्र भी जानता था, उसे पुनर्जन्म पर विश्वास था। उसकी पत्नी ने बताया कि पहले वे लोग मुंबई में थे। एक रात उसे सपना आया कि वहीं दिल्ली में उसकी मां की आत्मा उसकी प्रतीक्षा कर रही है और वह वहाँ से नौकरी छोड़ दिल्ली में उसकी मां की आत्मा की शांति के लिए आ गया। उसने बताया कि किसी औरत के शरीर की गंध उसकी माँ के शरीर की गंध से मिलती है। वह अक्सर कहता था मैं जब तक अपनी माँ को कार की सैर न करा लूँ तब तक मुझे शांति नहीं मिलेगी। उसकी मां की अंतिम इच्छा थी कि वह एक दिन कार का मालिक बने। उसकी माँ जब बीमार थी तब उसे शहर ले जाने के लिए गाँव के मुखिया ने अपनी कार तक नहीं दी थी। माँ को अस्पताल ले जाते समय वह बहुत दुखी था।

देर हो जाने की वजह से माँ ने रास्ते में ही दम तोड़ दिया था। तब से ही गोवा के गाँव को छोड़ मुंबई बस गए, मेहनत करके अच्छी जगह पाई और एक रात के स्वप्नों के बाद वे मुंबई छोड़कर हमें दिल्ली में ले आए। अब हम कहाँ जाएँगे रोते-रोते ही वह कहती जा रही थी।

उसकी पत्नी की बातें सुन मुझे आत्मग्लानि होने लगी। हालाँकि मुझे विश्वास नहीं था कि वह मुझे अपनी माँ समझता होगा परंतु मैंने उसकी कई बातों पर विचार किया तो मुझे खुद में ही दोष दिखने लगा और स्वयं को मैं इस दुर्घटना का दोषी मानने लगी।

नौकरी मुझे बोझ लगने लगी। कुछ समय बाद अपने बेटे की शादी करके 50 साल की उम्र में मैंने सेवानिवृत्ति ले ली। समय बीतता रहा।

एक दिन मुझे लंदन से एक पत्र मिला। मुझे वहाँ के एक स्कूल में शिक्षक की नियुक्ति के लिए आमंत्रित किया गया था। मैं बहुत हैरान थी, मैंने न तो स्वयं आवेदन किया था न ही मुझे लंदन में कोई जानता है फिर यह पत्र। आखिर मैंने उस पत्र पर अपनी स्वीकृति दे दी और उन्हें लिख दिया कि आप जब भी टिकट भेजेंगे मैं ज्वाइन कर लूँगी। एक दिन मुझे एक पार्सल मिला जिसमें लंदन का टिकट तथा कुछ जरूरी कागजात थे जिन्हें हस्ताक्षर कर उनको मुझे तत्काल लौटाना था। कागज पर दी गई शर्तें बहुत अजीब थी। सबसे अहम शर्त थी कि मुझे कम से कम 25 वर्ष वहाँ सेवा करनी होगी। यदि मैं हमेशा के लिए वहाँ बसना चाहूँ तो मेरा वेतन एक लाख रु. महीना होगा। मैंने अपने पति से पूछा तो उन्होंने भी स्वीकृति दे दी और कहा कि वह बाद में आ जाएँगे।

लंदन पहुँच, स्कूल में पहले ही दिन मैंने प्रिंसिपल, जो वहाँ के अत्यंत समृद्ध प्रभावशाली व्यक्ति थे, के साथ उनके नौजवान बेटे मैजिक को देखा जो मुझे बड़ी आत्मीयता की नजरों से देख रहा था। मैजिक भूरे बालों वाला आकर्षक नवयुवक था। प्रिंसिपल ने मुझे बताया मैजिक ने कहीं आपका लेख देखा और उसने जिद पकड़ ली कि वह आपको यहाँ बुलाना चाहता है। मैजिक उनका इकलौता बेटा है और यह स्कूल अब उसी का है। मैं यहाँ खुश थी कुछ समय बाद मेरे पति और मेरा परिवार भी स्थाई रूप से रहने के लिए लंदन आ गए थे।

स्कूल में लाइब्रेरी थी, उस दिन मैं वहाँ अकेले बैठे भारत से संबंधित

पुस्तकें देख रही थी। प्रिंसिपल वहाँ आए और उन्होंने मुझे एक पर्सनल फाइल देते हुए कहा कि मैं उसे संभाल कर रख लूँ। मीटिंग से लौटने के बाद मुझसे ले लेंगे। उनके जाने के बाद मैंने फाइल खोली। मैजिक के सर्टिफिकेट थे। मैंने उसकी जन्मतिथि देखी 26 अक्टूबर, सन...। मुझे अचानक दिल्ली का वही आदमी याद आ गया। वह भी तो 26 अक्टूबर को इसी साल मरा था। इस तारीख को मैं कभी भूल नहीं सकती थी। मेरा सर घूमने लगा और मैजिक का व्यवहार भी कुछ कुछ समझ में आने लगा। मैं दिल्ली के अपने व्यवहार से पहले ही बहुत खिन्न थी, आखिर मैंने इंसानियत की दृष्टि से क्यों नहीं सोचा। पुरुष–स्त्री का एक ही संबंध तो नहीं होता। प्यार के एक ही रूप को क्यों महत्त्व देते हैं हम लोग। अगले दिन मैंने प्रिंसिपल को वह फाइल सौंप दी। प्रिंसिपल ने बातों–बातों में बताया मैजिक भारत से बहुत प्यार करता है। उसने कभी भारत देखा नहीं।

स्कूल में मैजिक मुझे प्रतिदिन मिलता परंतु वह मुझसे कोई विशेष बात नहीं करता। मुझे लगता वह मुझसे नाराज है, पता नहीं क्यों मुझे ऐसा लगने लगा था कि मैजिक दिल्ली वाला ही आदमी है।

एक दिन जब मैं स्कूल पहुँची तब पता चला कि मैजिक के पिता का दिल का दौरा पड़ने के कारण देहांत हो गया है। मैं अन्य टीचरों के साथ उसके घर गई तो वह उदास बैठा था। मैंने प्यार से उसके सर पर जैसे ही हाथ फेरा वह फूट–फूट कर रोने लगा। देर तक वह रोता रहा और मैं उसे चुप कराती रही। एक सप्ताह के बाद मैजिक स्कूल में आया और उसने मुझे कहा "आप मेरे साथ दुर्ग देखने चलें। मैंने उसकी उदासी देख स्वीकृति दे दी। उसके चेहरे पर खुशी थी, लंबी कार ड्राइव करते समय वह कई बार रोया था। कुछ–कुछ मैं समझ रही थी परंतु कुछ भी कहना नहीं चाहती थी। उस दिन मैंने मैजिक के साथ हेस्टिंग्स दुर्ग देखा। शाम को वह मुझे क्लब ले गया, वहाँ उसने मुझे कॉफी पिलाई। वह मेरा चेहरा पढ़ रहा था और मैं उसका मन। बात करने की हिम्मत नहीं हो रही थी। उसने मेरा हाथ पकड़ कर कहा "आंटी अब आप स्कूल का सारा कामकाज सँभाल लीजिए।" मैंने हैरानी से पूछा था "क्यों"?

"मैं ठीक कह रहा हूँ, मेरी अब कोई इच्छा नहीं रही, मैंने आपको कॉफी भी पिला दी है और अपनी कार पर घुमा भी दिया है, आपके इसी जन्म में।" मैंने हैरानी से उसे देखा तो वह मुस्कुरा उठा, "आप सब भूल गई क्या?"

अगले दिन उसने सारे कागजात मेरे नाम ट्रांसफर करवा दिए और स्कूल मेरे नाम सुपुर्द कर दिया। मैंने उसे बहुत कहा कि वह यहीं शादी कर ले। उसने कहा उसे भारत लौटना है, वहाँ सब उसकी प्रतीक्षा कर रहे हैं। भारत लौटने से पहले उसने मेरे बेटे और मेरे परिवार के सभी सदस्यों को यहां लंदन बुलवा ही दिया था। मेरे बच्चे अब स्कूल के काम में अपने पिता अर्थात मेरे पति का हाथ बटाते हैं। मैजिक भारत लौट गया है। वह मुझे कह कर गया था, वह फिर लौटेगा पर लौटा नहीं। अभी तक न ही उसका कोई पत्र मेरे पास आया है।

क्या माँ की अंतिम इच्छा पूरी करना ही उसका मकसद था? क्या वह मुझ में अपनी माँ देखता था? क्या वह काला आदमी ही तो जीवित नहीं जिसने मैजिक को प्रभावित किया हो? क्या मैजिक उसी का पुनर्जन्म है? पता नहीं, लेकिन सब कड़ियाँ एक होकर भी बिखरी-बिखरी सी लगती है।

मैं आज भी उस काले और भद्दे आदमी को याद करती हूँ, परंतु नफरत के साथ नहीं। काश मैंने उसी समय उसका अंतर्मन पढ़ा होता, चेहरा नहीं। उससे बात की होती, चुप्पी नहीं ओढ़ी होती। मुझे लगता है मैजिक मुझे मिलने एक न एक दिन लंदन जरूर लौटेगा। आप भी दुआ करें, वह सिर्फ एक बार यहाँ आ जाए।

■■■

# 5. विडंबना

रात का समय है। चारों ओर सन्नाटा है। बाहर कुत्तों के भौंकने की आवाज आ रही है। इस समय एक युवक अंधेरे में बहुत तेजी के साथ कहीं चला जा रहा है। कई सड़कें, रास्ते पार करता हुआ वह रेल की पटरी पर पहुंचता है और एक गठरी को रेल की पटरी पर रख देता है। जैसे ही वह मुड़ता है। रेल की पटरी से किसी नवजात शिशु के रोने की आवाज आती है। वह व्यक्ति रुकता नहीं और तेजी से उलटी दिशा में भागने लगता है। तभी रेल की पटरी पर तेजी से भागती हुई एक रेल आ रही होती है जैसे ही वह रेल उस नवजात शिशु के पास पहुंचती है कोई दो हाथ उसे उठा लेते हैं।

वह व्यक्ति भागता हुआ अब अपने घर पहुंच कर धीरे से दरवाजा खोल कर अपने कमरे में पहुंचता है।

दरवाजा खुलने की आवाज से उसकी पत्नी दुर्गा उठ खड़ी होती है और अपने पास पड़ी बच्ची को ना देख कर चिल्ला उठती है "कहां है मेरी बेटी, बता कहां है मेरी लाडली?"

शंकर कोई जवाब नहीं देता। जी हां शंकर दुर्गा का पति है जो अपने तीसरी होने वाली बेटी को आज रेल की पटरी पर मरने के लिए छोड़ आया था।

शंकर दुर्गा को देखकर कहता है "शोर मत मचाओ, अब तेरी बेटी इस दुनिया में नहीं है, भूल जाओ उसे।"

"तुम बाप हो ना, तुम क्या जानो मां का प्यार। अगर तुमने उसे 9 महीने अपने पेट में रखा होता तब तुम समझते। बताओ कहां छोड़ कर आए हो, तू बाप नहीं कसाई है, राक्षस है, बता वरना मैं इस घर को जलाकर राख कर दूंगी। दुर्गा ने माचिस उठा ली। तभी बाहर से आवाज आई "मैं बताता हूं तुम्हारी बेटी कहां है।"

दुर्गा दरवाजे की तरफ देखती है। वहां एक आदमी खड़ा है। उसकी

गोद में उसकी बच्ची है। आदमी कह उठता है "तुम्हारी बच्ची मेरे पास है, जिंदा है, अगर किसी ने यह कहा है कि मारने वाले से बचाने वाले के हाथ ज्यादा लंबे होते हैं, तो बिल्कुल ठीक ही कहा है।"

दुर्गा उस आदमी से अपनी बच्ची को अपनी गोद में ले लेती है और अपनी बच्ची को जिंदा देखकर उसे चूमने लगती है। सब दुर्गा को देखते हैं। वह पागलों की तरह अपनी बच्ची को चूम रही है। दुर्गा अब शांत होती है तो उस आदमी से कहती है "भाई साहब! इस बच्ची को बचा कर आपने मेरी आशा को बल दिया है, आपने मनुष्यता का सर ऊंचा किया है, वरना मैं इस घर का सर्वनाश कर देती। मैं आपका यह एहसान कभी नहीं भूलूंगी।"

आगंतुक कहता है "एहसान, एहसान तो इस बच्ची ने मुझ पर किया है, बहन। इस बच्ची ने तो मुझे नई जिंदगी दी है। इसने तो मेरी जान बचाई है और मेरे मन में फिर से जिंदा रहने की ललक जगाई है। मैं आपकी इस बच्ची को कभी नहीं भूल सकता। शंकर हैरान हो गया" इस नन्ही बच्ची ने आपकी जान बचाई है।"

"हां ....मैं अपनी जिंदगी से तंग आ गया था। मेरी जिंदगी में जिंदा रहने का जज्बा ही खत्म हो गया था। मैं मर जाना चाहता था। इसलिए सोचा रात के सन्नाटे में रेल की पटरी पर लेट जाऊंगा और जिंदगी से, इस दुनिया से अलविदा ले लूंगा, लेकिन जब मैं रेल की पटरी पर लेटा, कोलकाता मेल का इंतजार कर रहा था कि मैंने एक आदमी को रेल की पटरी पर इस बच्ची को रखते हुए देखा। यह बच्ची रो रही थी। मैंने उस आदमी को आवाज भी दी लेकिन इन्होंने मेरी आवाज नहीं सुनी। ........ इसी रेलगाड़ी से मैंने अपनी बच्ची को विदा किया था। उस वक्त इस बच्चे में मुझे अपनी जिंदगी दिखाई दी। सच कई बार आदमी दूसरे की मौत में अपनी जिंदगी देखता है। मैंने बच्ची को उठाया और पटरी के बाहर कूद गया। अगर एक लम्हे की और देर हो जाती तो ...।"

"चलो, एक बेटी को बचाकर मैंने अपना प्रायश्चित कर दिया।" आगंतुक ने कहा।

दुर्गा कहती है, "ईश्वर तू बड़ा दयालु है। आप अपनी बेटी की क्या बात बता रहे हैं?"

आगंतुक ठंडी सांस लेता है... एक लंबी कहानी है बहन। आप ना ही पूछो तो अच्छा है।

दुर्गा कहती है, "नहीं भाई साहब, लोग कहते हैं ना अगर अपने मन की बात कह दी जाए तो दर्द कम हो जाता है। मैं आपके लिए चाय लाती हूं। आपने हम पर बहुत बड़ा एहसान किया है। हम इस लायक तो नहीं कि आपके दुःख को हल्का कर सकें या आपकी कुछ सहायता कर सकें। यदि हम आपके किसी काम आ सकें तो हम अपने आपको धन्य मानेंगे।"

इन दोनों के वार्तालाप से शंकर के मन के भीतर का अच्छा इंसान जाग उठता है और शंकर कह उठता है, "भाई साहब, आपने मुझे बड़े पाप से बचा लिया। मैं तीन-तीन बेटियों की जिम्मेदारियों से डर गया था, घबरा गया था। एक तरफ देवता स्वरूप आप और एक तरफ मैं पापी। मुझे तो इस बात के लिए घोर दंड मिलना चाहिए।"

"आदमी ठोकर खाकर ही जागता है, कौन-सा हादसा किस में जोत जला देता है और वह अचानक रोशनी से भर जाता है, कोई नहीं जानता कब उसे नए सत्य से परिचय मिलता है। मैंने भी एक नये सत्य को जाना है कि बेटे और बेटियों में कोई अंतर नहीं करना चाहिए। बल्कि कहूं तो बेटियां ज्यादा भावुक और अपनेपन से भरी होती हैं। मेरा एक बेटा था और एक बेटी।" आगंतुक कहीं गहरी सोच में डूब गया था और अपने उस घर में पहुंच गया था ...जहां उसकी बीमार पत्नी राधा कराह रही है और अपने दोनों सोए हुए बच्चों के सर पर हाथ फेर रही है, उसकी आंखों से आंसू बह रहे हैं ...मोहन पास ही बैठा यह सब देख रहा है। जी हां आगंतुक का नाम मोहन था और वह इस समय अपनी पुरानी यादों में खो गया था। मोहन अपनी पत्नी से पूछता है, "बहुत पीड़ा हो रही है।" राधा "पीड़ा सहने की आदी, मोहन.. मेरी मौत के बाद, बच्चे वह फूट-फूट कर रोने लगती है।" इनका क्या होगा? "डॉ. ने मोहन को राधा की अवस्था के बारे में पहले ही सूचित कर दिया था। उसके हाथ को अपने हाथ में ले लेता है" ऐसी बातें नहीं करते। मैं हूं ना धीरज रखो, तुम अच्छी हो जाओगी।

राधा "मृत्यु तो निश्चित है पर तिथि तय नहीं है। मैं मृत्यु को वरण कर लूंगी पर मोहन...।"

"विश्वास रखो, मैं इन दोनों को बड़े लाड-प्यार से पालूंगा, इनको मां और बाप दोनों का प्यार दूंगा अपने जीते जी इन्हें कोई तकलीफ नहीं होने दूंगा और अगर तुम यह सोच रही हो कि मैं दूसरी शादी कर लूंगा, इन बच्चों की सौतेली मां आ जाएगी, नहीं, नहीं यह गलत है, मैं तुम्हें वचन देता हूं मैं दूसरी शादी नहीं करूंगा। आज से मैं अपने बच्चों की मां और बाप दोनों रहूंगा। अब मेरा सारा जीवन इनके लिए है, चाहे कुछ भी हो जाए।" मोहन बात कर ही रहा था कि राधा के चेहरे पर बहुत शांति के भाव आ गए। वह मंद-मंद मुस्कुरा रही थी मानो उसे अब कोई चिंता ही नहीं। मोहन ने देखा धीरे-धीरे राधा की आंखें बंद हो रही थीं।

उसने राधा को दो-तीन बार बुलाया वह नहीं हिली। वह भाग के डॉ. को फोन करता है। फोन करके जैसे ही वह वापस आता है देखता है कि राधा के प्राण पखेरू उड़ चुके हैं।

मोहन अपने यादों में डूबा हुआ था और सामने बैठी दुर्गा मानो उसका अतीत सामने चलता हुआ देख रही थी। समय बीत रहा था। मोहिनी अब 12 वर्ष की हो गई थी। एक दिन वह स्कूल से आती है तो देखती है कि पिता को बुखार है। वह पिता के लिए बहुत चिंतित हो जाती है और उन्हें समझाते हुए कहती है, "मैंने कितनी बार कहा है आप अपनी सेहत का ध्यान रखा करें। अब आप ही हमारे सब कुछ हैं। अगर आपको कुछ हो गया तो मैं क्या करूंगी? भैया तो आज घर में है, उनसे कह कर आप काम क्यों नहीं करा लेते। तभी किशोर, मोहिनी का छोटा भाई अंदर आ जाता है और उसे डांटते हुए कहता है, "तुम्हें पता नहीं मैं पढ़ रहा था। तुम खामखा मुझे डिस्टर्ब करती रहती हो।"

मोहिनी- "भैया इतना कड़क क्यों बोलता है? जब तुम्हें मालूम है कि डैडी की तबीयत ठीक नहीं है और तुमने इन्हें कुछ खाने को भी नहीं दिया।"

किशोर भड़क उठता है, "क्या डैडी बच्चे हैं, जो मैं उनके मुंह में कोर डालूंगा। जब उन्हें अपनी ही चिंता नहीं तो फिर मैं क्या करूं।"

मोहन, "खामखा भाई के साथ मुंह जोरी ना करो। कोई बात नहीं जाओ तुम अपनी पढ़ाई करो।"

मोहन- किशोर को कहता है।

मोहिनी- "डैडी आप इसे बिगाड़ कर ही दम लोगे। मैं तो भैया के सामने

बच्ची हूं पर क्या भैया को आपका ध्यान नहीं रखना चाहिए? बड़ी अजीब सी दूरियां भैया ने हम लोगों से बनाई हुई हैं।"

मोहन बेटी के सर पर हाथ रखते हुए बोलता है, "किशोर अभी बच्चा है, देखो मैं अभी उठ कर तुम दोनों के लिए पकोड़े बनाता हूं। कपड़े बदलकर, हाथ मुंह धोकर तुम दोनों आ जाओ।" मोहन दुर्गा को बताता है, "इनकी मां मुझे कह कर गई थी कि मेरे बच्चों का ख्याल रखना, पर एक पिता अकेला मां के बगैर अपने बच्चों का इतना ख्याल नहीं रख सकता।" दुर्गा ने देखा मोहन फिर यादों में खो गया है। मोहिनी जवान हो जाती है और उसकी दोस्ती एक लड़के दिनेश के साथ हो जाती है जो अक्सर उसे कहता है कि वह शादी के लिए अपने पिता से बात करें। लेकिन मोहिनी उसे हर बार मना कर देती है कि अभी फिलहाल मेरा शादी करने का कोई विचार नहीं है। दूसरी ओर किशोर अपने लिए एक आधुनिक लड़की नीता से दोस्ती कर लेता है जो अक्सर उससे शादी करने के लिए कहती है लेकिन किशोर उसे कहता है अभी समय नहीं आया है। मैं नौकरी करने के बाद ही तुम से विवाह कर सकूंगा। अभी नौकरी लगने में देर है। नीता उसे कहती है "मुझे लगता है तुम्हारे डैडी तुम से डरते हैं, तुम शादी की बात करोगे तो तुम्हारे पिता राजी हो जाएंगे।"

किशोर कहता है "वह डरते नहीं, वह बहुत ही सहज, सरल और भावुक इंसान है और वह अपनी पत्नी को दिए हुए वचन का पालन कर रहे हैं।"

नीता के मुंह से निकलता है, "मूर्ख।" किशोर को हल्का-सा क्रोध तो आता है, परंतु वह उसे रोकता नहीं और कहता है "नहीं, नहीं, नीता, मनुष्य किसी खास लक्ष्य के लिए ही जीता है। अब तो डैडी सेवानिवृत्त हो गए हैं। रिटायरमेंट के समय जो पैसा मिला था उसका उन्होंने मकान खरीद लिया है। आखिर उस मकान का मालिक तो मैं ही हूं। आज नहीं तो कल, उनके जाने के बाद।"

नीता हंसती है "सीधा कहो ना, उनके मरने के बाद।"

नीता से मिलने के बाद जब किशोर घर आता है तो देखता है पिता को खांसी आ रही है और मोहिनी अपने पिता की पीठ को सहला रही है। मोहन कह रहा था, "बेटी मेरी चिंता ना करो, मुझे तो रात-दिन तुम्हारी ही चिंता खाए रहती है।"

"डैडी, मैं अभी शादी नहीं करूंगी। भैया का आपके प्रति जो व्यवहार है उसने मेरे दिल में भय बिठा दिया है।

मैं जीते जी आप को अकेला नहीं छोड़ सकती। भैया की नौकरी तो अगले हफ्ते तक लग ही जाएगी।

मोहन बहुत खुश होता है, "यह भगवान की कृपा ही है। वह नौकरी पर लग जाएगा तो अनेक चिंताएं मिट जाएंगी। तू ही बता कि मैं बूढ़ा बैल कब तक चलता रहूंगा।"

मोहिनी जवाब देती है, "डैडी, आप उससे जरा भी उम्मीद मत रखिए। उसके व्यवहार से लगता है कि वह आपके सपनों को भी चूर-चूर कर देगा।"

मोहन अपनी बेटी मोहिनी की ओर देखकर कहता है, "जैसी भगवान की मर्जी।" मोहिनी की बात सुनकर किशोर को बहुत गुस्सा आता है और वह उसे डांट देता है, "तू हमेशा डैडी को मेरे खिलाफ भड़काती रहती है, इसका परिणाम अच्छा नहीं होगा।"

"परिणाम मैं जानती हूं, भैया! तुम मुझे डराने की कोशिश मत करो।" मोहिनी कुछ और कहती इससे पहले उसके पिता ने उसको चुप करा दिया।

अगले दिन किशोर ने अपने घर में आकर अपने पिता को नीता के बारे में बताया और उससे अपनी दोस्ती की बात भी बता दी। किशोर ने अपने पिता को स्पष्ट कह दिया कि "वह आज और अभी अनुमति लेना चाहता है। वह नीता से शादी करना चाहता है।"

नीता के बारे में मोहन को कुछ खबर इधर-उधर से मिल चुकी थी। उसने अपने पुत्र को समझाने की कोशिश की और कहा क्या तुम्हारा इरादा पक्का है कि तुम नीता से ही शादी करोगे। किशोर ने कहा, "मैं अपना फैसला नहीं बदलूंगा। मैं नीता से प्यार करता हूं और....।"

मोहन ने बेटे को समझाने की कोशिश की "मुझे पता चला है कि नीता के खानदान की बहुत गलत परंपराएं हैं। वह अच्छे संस्कारों के लोग नहीं हैं। अगर तुम मेरा निवेदन स्वीकार कर सको तो तुम नीता को भूल जाओ और कहीं और शादी करने का सोचो।" जब मोहिनी ने देखा कि किशोर अपने पिता की बात किसी भी तरह मानने या स्वीकार करने को तैयार नहीं है तो मोहिनी कह उठी, "डैड आप व्यर्थ ही भैंस के सामने बीन बजा रहे हो,

अच्छा होगा आप इसकी शादी नीता से करवा दीजिए। नहीं तो यह अपने आप से शादी कर लेगा। मोहन अपनी बेटी की ओर देखता है और कहता है, "तू समझदार है बेटी, तू जैसा ठीक समझे। अब मुझे तेरा ही सहारा है।" किशोर और नीता की शादी हो जाती है और दोनों मोहन के घर में उनके साथ रहने लगते हैं। प्रतिदिन किशोर और मोहिनी के बीच नोकझोंक होती रहती है। जब किशोर मोहिनी को चाय बनाने के लिए कहता है तो वह उसको कहती है, "अपनी पत्नी को बुला ले, मैं तेरी नौकर नहीं हूं।"

उधर नीता किशोर को कहती है कि तुम अपने आप चाय बना लो। किशोर प्रतिदिन के झगड़े से बहुत परेशान हो जाता है। नीता अपने ससुर को कहती है, "आपने मोहिनी को बहुत सर चढ़ाया हुआ है। वह बार-बार मेरा अपमान करती है। मेरी कहीं अनसुनी कर देती है। मैं अब इस घर में नहीं रहूंगी। हम नया घर ढूंढ लेंगे।"

मोहिनी ने नीता को समझाने की कोशिश की, "तुम जानती हो भैया और मैं जब बहुत छोटे थे तब हमारी मां चली गई थी। हमारे पिता ने हमको बहुत लाड-प्यार से पाला है। अब जब हमारे पिता वृद्ध हो गए हैं तो हमारा फर्ज बनता है हम उनकी देखभाल करें। अगर हम उनकी देखभाल नहीं भी कर सकते तो कम-से-कम हम उन्हें अपने व्यवहार से दुःख तो ना दें। उनके अंतिम समय को इतना बुरा तो ना बना दें कि वे दुःख को बर्दाश्त ही ना कर सकें।"

नीता तो पहले से ही कुछ सोच मन में बनाए हुए थी। उस पर मोहिनी की किसी भी बात का असर नहीं हुआ और उसने कहा "हमने तय कर लिया है, अब हम इस घर में नहीं रहेंगे।"

मोहिनी ने बहुत समझाने की कोशिश की और मोहन ने भी नीता को समझाने की कोशिश की, "जिस घर में बर्तन होते हैं वे कभी ना कभी एक दूसरे के साथ लग ही जाते हैं। इसका मतलब यह तो नहीं कि वे बर्तन हम बाहर फेंक देते हैं। हमें एक दूसरे की भावनाओं की कदर करनी चाहिए और रिश्तों का सम्मान भी।" मोहन ने बहुत समझाने की कोशिश की, मोहिनी ने माफी भी मांगी पर नीता उसे इस घर से दूर ले ही गई।

दुर्गा मोहन की आपबीती सुन रही थी और सोच रही थी कि कोठियों और बंगलों में रहने वाले लोग भी अंदर से कितने खोखले होते हैं। मैं तो

सोचती थी कि हम गरीब झुग्गी-झोपड़ी वाले अपनी तीन बेटियों को पालने में असमर्थ है और जिनके पास ऐश्वर्य और धन की कमी नहीं, वे भी अंदर ही अंदर कितने असंतुष्ट और दुखी हैं।

दुर्गा चुप बैठे मोहन से पूछ बैठती है, "फिर क्या हुआ भाई साहब, किशोर कभी वापस आया? उससे आपकी कभी बात हुई?" मोहन आंखों में आंसू भर कर बोले, "जिस बेटे से बड़ी उम्मीदें बांधी थीं मैंने, वह हमेशा के लिए मुझे छोड़कर चला गया। उसके बाद उसने भूलकर भी कभी यह जानने की कोशिश नहीं की मेरा बूढ़ा बाप कैसा है। मैं इस गम में बीमार पड़ गया। उसे खबर भी दी फिर भी वह मुझे देखने तक नहीं आया। ऐसे वक्त में मेरी बेटी मोहिनी ही मेरा सहारा बनी। उसने मुझे हौसला दिया। बेटा बनकर मेरी सेवा की। एक दिन मैंने अपने बेटे के पास अपने मित्र प्रयाग को भेजा था, उसे मेरी बीमारी का बताने के लिए। लेकिन उसने जो वापस आकर मुझसे कहा उससे मेरा दिल ही फट गया। मुझे आज भी उसकी एक-एक बात याद है। किशोर ने उसको कहा, "जब उनकी अंतिम सांसे भी खत्म हो जाएं तो आकर मुझे सूचना दे दीजिएगा। वह अपने निजी सुखों में ऐसा डूब गया है कि खून के रिश्तों को भी वह भूल गया है।" जब प्रयाग ने मोहन को यह बातें बताई तो मोहन बेहोश हो गए और मोहिनी तब तक अंदर आ चुकी थी। वह पर्दे के पीछे से अपने भाई की करतूतें सुन रही थी। "अंकल आपको यह सब बातें डैडी को बताने की क्या जरूरत थी?" प्रयाग ने कहा "बेटी तुम्हारे डैडी ने मुझे चोरी से किशोर के पास भेजा था। इसलिए वह कुरेद-कुरेद कर मुझसे पूछ रहे थे। मैंने छुपाने की बहुत कोशिश की लेकिन बेटी इस समय बुद्धि से काम लो। थोड़ा पानी ले आओ और देखो डैडी को इस मामले में और परेशान मत करना।"

मोहिनी पानी लाती है और मोहन के मुंह पर छींटे मारती है। वह होश में आ जाते हैं। मोहन "अरे बेटी कब आई?

बस अभी आई हूं। क्या हो गया था आपको।"

मोहन- "कुछ नहीं, ऐसे ही जरा चक्कर आ गया था।" प्रयाग से कहता है, "तुम्हारा बहुत-बहुत शुक्रिया, अच्छा अब तुम जाओ। यह मेरी बेटी है ना यही मेरा बेटा है।"

प्रयाग अजीब नजरों से मोहिनी और उसके डैडी की तरफ देखता है।

मोहिनी मैंने प्रयाग अंकल की बातें सुन ली हैं लेकिन इस समय आपकी तबीयत ठीक नहीं है, इसलिए मैं आपसे ज्यादा कुछ नहीं कहूंगी, सिर्फ इतना ही कहूंगी आपको मेरे लिए जिंदा रहना है... और मैं आपको विश्वास दिलाती हूं कि आपको मेरे जीते जी बेटे की कमी कभी अनुभव नहीं होगी।"

"मैं तुम्हारी बात से बिल्कुल सहमत हूं बेटा पर मैं क्या करूं, अपने मन के हाथों मजबूर हूं। मैं पिता हूं ना, इसलिए मुझे रह-रहकर किशोर की याद आ जाती है।"

अगले दिन मोहन और उनका मित्र प्रयाग दोनों पार्क में घूमते हुए बात कर रहे हैं। प्रयाग अपने मित्र मोहन को कहते हैं, "तुमने मोहिनी के बारे में क्या सोचा है। मेरा तो मन है कि तुम अब बेटी के हाथ पीले कर दो, तुम्हें पता नहीं लोग तुम्हारे बारे में क्या-क्या सोचते हैं।" मोहन चिंता में पड़ जाता है और प्रयाग फिर उसे समझाता है, "तुम्हें क्या चिंता है मोहन। यह मकान बेचकर आधे रुपए शादी पर खर्च कर दो और आधे अपने मित्र शिवरतन के पास जमा करा दो। उससे तुम्हारा गुजारा हो जाएगा।" मोहन को अपने मित्र की यह बात पसंद आती है।

अगले दिन मोहन अपनी बेटी को अपने पास बुलाते हैं और उसे कहते हैं, "बेटा मेरा मन है कि अब तुम भी शादी कर लो। मोहिनी झल्ला उठती है और शादी से इंकार करती है, लेकिन इस बार मोहन उसे डांट देते हैं और मोहिनी के साथ एक लंबी बहस होती है। मोहिनी अपने पिता के साथ रहने के 100 कारण बताती है और मोहन उसकी शादी करने के 100 कारण बताता है। काफी समय तक लंबी चर्चा होती रहती है और बाद में मोहन मोहिनी को कह देता है कि "यदि तुम मेरा कहा नहीं मानोगी तो तुम मेरा मरा मुंह देखोगी।" मोहिनी इस बात से बहुत आहत होती है और कहती है यदि यह बात है तो फिर आपकी मर्जी। मैं दहेज के खिलाफ हूं कोई ऐसा लड़का ढूंढिए जो नए विचारों का हो, मेरे पसंद के लड़के दिनेश ने तो स्वयं शादी कर ली है, पर मुझे विश्वास है कि आप का चुनाव गलत नहीं होगा।" मोहन उसकी स्वीकृति से खुश हो जाता है और उसे कहता है तुमने मेरी मृत्यु को सरल बना दिया है। मोहिनी कहती है डैडी आप भूल गए हैं कि मां ने मरते समय क्या कहा था? आपने बेटे की तरह मुझे पाला पर अब बेटी की तरह पराया धन समझकर ब्याह कर दोगे। कोई और आज्ञा हो तो वह भी बताइए।"

मोहन उसे कहता है बेटी शायद तुम बुरा मान गई, लेकिन मैंने वही किया है जो एक बाप का कर्तव्य होता है। मेरा आशीर्वाद तेरे साथ हमेशा रहेगा। तू जहां भी रहे, सुखी रहे यही मेरा आशीर्वाद है। एक अंतिम बात और मेरी याद रखना, ससुराल से लड़की की अर्थी निकलती है, यह हमारे संस्कार कहते हैं। ध्यान रखना नीता की तरह तुम अपने पति को लेकर उस घर से मत निकल जाना। तुम अंतिम समय तक उसी घर में रहना।"

दुर्गा ने देखा मोहन अब फूट-फूटकर रो रहा था। कह रहा था ...."मेरी बेटी चली गई, उसने मेरी बात को ऐसा गांठ से बांधा वह फिर कभी मेरे घर वापस नहीं आई। मैंने उससे कहा था, "ससुराल से बेटी की अर्थी निकलती है। बस उसकी अर्थी ही निकली। उसके ससुराल वाले लोग अच्छे नहीं मिले। वे लोग मोहिनी को अक्सर परेशान करते कि अपने बाप से दो लाख रुपए लाकर दो, जो उन्हें मकान बेचने पर मिले थे।

मोहिनी उन्हें मना करती रही, जवाब देती कि मैं ऐसा कभी नहीं करूंगी। आखिर डैडी को अपने बुढ़ापे की सुरक्षा के लिए धन चाहिए.... मेरी बेटी पर बहुत जुल्म ढाए गए, उसे तंग किया गया। वह इतनी कमजोर हो गई कि वह दूसरे बच्चे को भी जन्म दे सकी। उसकी सास को पोते की इच्छा थी। वह उसे ताने देती कि उसे धन नहीं तो पोता तो दे दे। हर समय पोते पोते के गीत गाती। आखिर मेरी बेटी ने उसके पोते को जन्म तो दे दिया पर वह खुद मर गई। बच्चों को जन्म देकर मेरी मोहिनी हमेशा के लिए मर गई.... मैंने मारा उसे .....मैंने ही कहा था ससुराल से लड़की की अर्थी निकलनी चाहिए।"

दुर्गा मोहन को शांत करने का प्रयत्न करती है और कहती है, "लेकिन भाई साहब! आपके मन में आत्महत्या करने की इच्छा क्यों पैदा हुई?"

मोहन ने दुर्गा को देखते हुए कहा, "बहन मोहिनी की मृत्यु से मुझे एक तो जबरदस्त धक्का लगा, दूसरा मेरा हृदय ग्लानि से भर गया। मुझे ऐसा लगने लगा कि मोहिनी की मौत का जिम्मेदार मैं स्वयं हूं। मैंने एक समर्थ, आत्मनिर्भर लड़की को प्राचीन परंपराओं में जकड़ना चाहा। इसलिए मैंने अपने जीवन का अंत कर देना चाहा। किंतु इस बच्ची में मुझे फिर आशा दिखाई दी। मानो अपनी गलती को सुधारने का मौका मिला। मैंने सोच लिया था "मान लो अगर इस बच्ची के मां-बाप का पता ना चला तो मैं स्वयं

इसका पिता बन जाऊंगा और इसे पढ़ाऊंगा, सिखाऊंगा और इसकी शादी करूंगा, जब यह चाहेगी और जिससे यह चाहेगी, जो लड़का इस का हाथ मांगने मेरे घर आएगा, उससे इसकी शादी होगी। उसे जीने, सोचने और समझने की सारी स्वतंत्रता दूंगा। इसे बेटे का ओहदा दूंगा। जब आप लोग मिल गए हैं तो ठीक है। मैं चलता हूं।" मोहन अब उठ खड़ा हुआ।

शंकर– "नहीं भाई साहब, यह वैसे तो आप ही की बच्ची है, आप ही की रहेगी। आपका ही इस पर अधिकार है, भूमि में पड़ी सीता राजा जनक की सीता हुई। भूमिजा हुई हमारी यह बच्ची, अब आपकी भूमिजा है, सीता है। परंतु अब मेरी आंखें भी खुल गई हैं ....लड़कियां बोझ नहीं होती, मैं स्वयं इसे पढ़ाऊंगा और बड़ा आदमी बनाऊंगा।"

शंकर के हाथ में अपने नवजात बच्ची है और दुर्गा उसके सिर पर हाथ फेर रही है। मोहन चुपचाप अपने उसी घर की ओर चल पड़ता है। उसे अभी भी विश्वास है किशोर उसे कभी ना कभी मिलने जरूर आएगा। मिले हुए धोखों के लिए विश्वास बड़ी जबर्दस्त दवा है, कभी बेअसर नहीं होती।"

शंकर सोच रहा है कुछ समय पूर्व आया तूफान अब थम चुका है... अब उसकी सोच स्पष्ट है, भविष्य उजला है...उसकी सोच ने यह स्वीकार कर लिया है कि बेटियां किसी भी हाल में बेटों से कम नहीं होतीं।

■■■

# 6. प्रेम

डीटीसी की बस खचाखच भरी हुई थी। लेकिन फिर भी लोग थे कि बस में चढ़ते ही जा रहे थे। मैंने बाहर से ही बस का मुआयना किया। बहुत भीड़ थी। मुझे लगा अब एक भी यात्री और इस बस में नहीं चढ़ सकता। तभी मैंने पास ही खड़े ए.टी.आई. से पूछा "इसके बाद कितने बजे की बस है?"

वह गंभीरता से बोला "इसी से चली जाइए" और घड़ी देखते हुए बोला "40 मिनट के बाद दूसरी बस जाएगी।"

मैंने घबरा कर समय देखा 5:35 हुए थे। दिसंबर का महीना था। रोज की तरह अंधेरा आज भी अपना साम्राज्य बढ़ाएगा, मैं जानती थी। सो बेकार का हठ छोड़ मैं उसी बस में चढ़ने की कोशिश में जुट गई। कोई 2 मिनट के अथक प्रयत्न के बाद मैं बस के बीचों-बीच जा पहुंची। अब मैं राहत महसूस कर रही थी। लेकिन भीड़ इतनी थी कि हिलना-डुलना असंभव था। मेरी निगाह इधर-उधर घूम रही थी, शायद कहीं थोड़ी जगह मिल जाए क्योंकि घर पहुंचने में तो पूरे 50 मिनट लगने हैं और 50 मिनट खड़े रह कर सफर करना दुखदायी नहीं कठिन भी था। यह सोचकर मेरी टांगों की कंपकपाहट बढ़ गई। अब राहत की जगह परेशानी ने ले ली। जगह की तलाश में, मैं इधर-उधर देख रही थी कि मुझे महसूस हुआ कोई मुझे घूर रहा है।

घूरने वाले चेहरे को गौर से देखा, देखने वाले युवक का चेहरा आकर्षक था, हालांकि चेहरे पर चेचक के दाग थे, उसके बाल घुंघराले थे और होठों पर एक शरारती बच्चे जैसी मुस्कान थी। मैंने नजरें चुराने की कोशिश की पर बेकार। जब भी मैंने नजरें बचाकर उधर देखा वह हल्का-सा मुस्कुरा देता। मैं सहम गई, न जाने कौन है, कैसा है। मां ने तो साफ कहा था "मर्दों से ज्यादा बात ना करना।"

मैंने महसूस किया, वह लगातार इधर ही देख रहा है। इस समय बस

से उतरना भी संभव नहीं था। मैं सोचने लगी, नौकरी का पहला दिन और बसों का यह झंझट, आगे क्या होगा। बस में बहुत भीड़ थी लेकिन ड्राइवर का अता-पता नहीं था। यह तो अच्छा था कि सर्दियों का मौसम था वरना गर्मियों में तो इस कदर भीड़ में खड़े रहना कैसे संभव हो पाता। डीटीसी में यात्रा करना और प्रतिदिन सही सलामत घर पहुंचना मुझे सबसे बहादुरी का काम लगा। मैं सोच रही थी कि किसी ने मुझे आगे देखने के लिए कहा। मैंने देखा वही युवक अपनी जगह से खड़ा होकर मुझे सीट ऑफर कर रहा है। मैं यंत्रवत बढ़ गई, भीड़ से बचने के लिए इससे अच्छा अवसर नहीं था। मुझे सीट देकर वह व्यक्ति आगे सरक गया। आगे जाकर वह खड़ा हो गया और मुझे टकटकी बांधे देखने लगा। तभी घरर-घरर की आवाज के साथ बस चलने लगी। सभी यात्रियों ने राहत की सांस ली। कई चेहरे बिना भाव के थे लेकिन कई चेहरों पर घर पहुंचने की उत्साहपूर्ण प्रसन्नता मुझे दिखी थी। कुछ लोग निराश लग रहे थे मानो जमाने भर से उन्हें शिकायत हो। सब लोग शांत थे। मानो किसी को बोलना ना आता हो। मैंने शाल को कसकर चारों और लपेट लिया क्योंकि बस में ठंडी हवा जोरों से पहुंच रही थी। मेरा ध्यान जैसे ही सामने गया, वह युवक खड़ा मुस्कुरा रहा था। मुझे मन ही मन क्रोध आया, हद है अब सीट क्या दे दी, बस मुस्कुराए जा रहा है। पर उसका भोलेपन और शरारत से मुस्कुराना भला लग रहा था। उसके चेहरे में न जाने क्या आकर्षण था कि मैं भी उसकी और देखे बिना नहीं रह सकी। घर पहुंचने में कोई 50 मिनट लगे। यह समय मानो बहुत जल्दी बीत गया। मन बार-बार उसे देखने के लिए करता और खुद को रोक नहीं पाती। 50 मिनट की इस छोटी सी यात्रा में मैंने उसे 35 बार तो देखा ही होगा। मुझे लगा यह एक खेल है जिसमें छुप-छुप कर देखना भला लगता है। युवक भी शायद कहीं आस-पास ही रहता होगा मैंने सोचा। मैंने देखा वह भी बस से उतरने की तैयारी में धीरे-धीरे आगे खिसकने लगा। बस खाली होती गई। बस से उतरने के बाद मैंने उसे देखना चाहा पर वह न जाने कहां खो गया। मन ही मन मैंने भगवान को धन्यवाद दिया। बस से उतरकर अगर वह युवक मेरे साथ बातचीत करता या मेरा पीछा करता तो मैं कतई सहन नहीं कर पाती। उस परिस्थिति से निपटने के लिए मैं बिल्कुल तैयार नहीं थी। घर की और जल्दी-जल्दी बढ़ते हुए मन ही मन डर रही थी कि कहीं

वह हमारी कॉलोनी में ही तो नहीं रहता। कहीं वह कुछ गड़बड़ तो नहीं करेगा। घर पहुंचने तक कई विचार मन में आते और जाते रहे। घर पहुंचने तक कई बार अपने मन को धिक्करा, तुझे क्या पड़ी थी उसे बार-बार देखने की। कभी सोचती, आजकल के लड़कों का क्या भरोसा। घर पहुंचकर राहत की सांस ली।

घर के सभी सदस्यों ने नई नौकरी के पहले दिन का हाल जानना चाहा तो मैंने इतना ही कहा, "कल पता नहीं कौन-सी बस मिलती है।" घर के छुटपुट काम करती रही लेकिन उसके बारे में सोच को दिमाग से नहीं निकाल सकी।

अगले दिन मैंने बस की लाइन में उसे तलाशा पर वह नहीं था। मैं ना चाहते हुए भी उसे याद करती रही। बस में आज भी भीड़ थी लेकिन एक तरह की रिक्तता का एहसास हो रहा था। आज शनिवार था लेकिन फिर भी बस भरी हुई थी। मन के कोने से बार-बार आवाज आती वह सोमवार को जरूर आएगा। इस दिन घर पहुंचने तक का सफर बहुत मुश्किल से कटा। लग रहा था घर बहुत दूर हो गया है। रविवार का दिन काफी व्यस्त रहा, घर में कई मेहमान आए गए लेकिन मेरा मन उदास रहा। व्यस्त रहने के बाद भी मन के किसी हिस्से में एक अजीब सी चुभन रही। इस चुभन में भी दिल से यह आवाज आती कि वह सोमवार को जरूर आएगा। रविवार के दिन उसकी शरारत भरी मुस्कुराहट वाला चेहरा कई बार आंखों के सामने आया।

सोमवार को जैसे ही मैं बस की लाइन में लगी मैंने देखा वह सबसे आगे खड़ा है। पता नहीं क्यों ऐसा लगा कि वह मेरी प्रतीक्षा कर रहा है। वह लाइन में से थोड़ा हटकर खड़ा हुआ था। जैसे ही उसने मुझे देखा वह मुस्कुराया और नमस्ते की मुद्रा में अपने सिर को बड़ी शालीनता से हल्का सा झटका भी दिया। किसी ने भी इस बात को नोटिस नहीं लिया। जहां मैं खड़ी थी वहां से एकटक वह मुझे देख रहा था। कोई पांच मिनट ही बीते थे कि बस आ गई। उसका पहला नंबर था वह चलने लगा। ड्राइवर ने बस स्टैंड से थोड़ी आगे बस खड़ी की थी। मैं हैरान रह गई, उसकी एक टांग में कुछ दोष था, वह लंगड़ा कर चल रहा था। बस में बैठते ही वह खिड़की से बाहर देखने लगा। उसकी निगाहें मुझे देख रही थी लेकिन अब उनमें कोई शरारत नहीं थी। शरारत की जगह गंभीरता ने ले ली थी। उसके

चेहरे पर उस दिन एक अजीब-सी झुंझलाहट भी देखी थी मैंने। शायद वह झुंझलाहट उसकी विकलांगता की थी। आज का उसका उदास चेहरा था जो मुझे बिल्कुल अच्छा नहीं लगा। आज वो मुझे पहले की तरह नहीं देख पाया। उसे उदास देख मैं भी उदास हो गई। उस दिन वह अधिक समय तक खिड़की से बाहर ही देखता रहा। एक आध बार उसने प्रश्न भरी निगाहों से मेरी ओर देखा। उस दिन जब वह बस से उतरा तो दूर तक मेरी निगाहें उसके पीठ पर चिपकी रही। वह लंगड़ा कर चल रहा था और मेरा दिल चाह रहा था कि उसे सहारा दे दूं, पर समाज विशेष कर अपने घर का मुझे ध्यान आया, अगर मां को पता चल गया तो नौकरी करना तो दूर वह घर से निकलना भी बंद कर देगी, मन में अनेक प्रश्न लिए चुपचाप मैं घर की ओर बढ़ती गई।

आज भी उसने अपनी गर्दन को हल्का सा झटका देकर सिर को झुकाया वह मुस्कुराया भी लेकिन उसके बाद वह कहीं और देखने लगा। मुझे बहुत बुरा लगा पता नहीं उसे क्या हो गया था। अचानक मन में एक बात आई, कहीं इसे अपने ऊपर से विश्वास तो नहीं उठ गया। कहीं वह यह तो नहीं सोचता कि विकलांग होते हुए मैं किसी संपूर्णता की ओर देख नहीं सकता। मैंने अपने मन में आए विचारों को स्वयं ही झटक दिया। नहीं-नहीं उसे ऐसा नहीं सोचना चाहिए। वह तो अच्छा भला युवक है, हंसमुख भी है, जरा टांग ही तो खराब है, तो क्या हुआ। इसका मतलब यह तो नहीं कि वह अपने आप को छोटा मानने लगे या अपूर्ण समझने लगे। संपूर्ण होते हुए भी कई बार मनुष्य विकलांग से भी बदतर होता है। हालांकि बस में और भी कई लोग थे, जिनमें कॉलेज के उद्दंड छात्र भी थे, लड़कपन पसंद करने वाली महिलाएं भी थी जो जब तब इन मनचलों की बातों पर बात-बेबात ठहाके भी लगाती थीं। बस में कई युवक थे पर वह सबसे अलग था। उस दिन भी हमारे बीच कोई बातचीत नहीं हुई।

बुध, गुरु, शुक्र, शनि, कई दिन बीत गए हम सिर्फ आंखों ही आंखों में एक दूसरे को नमस्ते कहते, जरा सा मुस्कुराते और इसी बीच एक दो बार हम दोनों एक ही सीट पर बैठे परंतु कोई विशेष बात नहीं हुई। कई बार जब मुझे सीट नहीं मिलती तो वह मुझे सीट भी देता, मेरे लाख मना करने पर भी उठ कर खड़ा हो जाता तो मुझे बैठना ही पड़ता। मुझे उसकी यह

आदत अच्छी लगती। एक दिन हमारी बस में एक छोटा-सा कांड हो गया। हुआ यूं कि एक अजनबी बस में चढ़ा और विकलांगों के लिए सुरक्षित सीट के पास जा खड़ा हुआ। विकलांगों की सीट पर दो महिलाएं पहले से ही बैठी हुई थी। उस अजनबी ने गुस्से से उन महिलाओं को सीट खाली करने के लिए कहा। महिलाओं ने पहले तो विरोध किया पर जब वह नहीं माना तो महिलाओं को क्रोध आ गया। एक ने कहा "क्या तुम विकलांग हो?" अजनबी बोला, "और क्या, नहीं तो मैं झूठ थोड़े ही कह रहा हूं, मेरी टांग पर चोट लगी है, खड़ा नहीं हो सकता।" किसी को उसकी बात पर विश्वास नहीं हुआ। बात कुछ ज्यादा ही बढ़ गई तो लोगों ने उसे चोट दिखाने के लिए कहा। पहले तो वह युवक घबराया, फिर पेंट को घुटनों तक ले गया, काफी पुराने चोट के निशान को दिखाते हुए बोला "देखो, देखो मैं झूठ तो नहीं कह रहा था।" आसपास खड़े लोगों ने उसे देखा, कुछ लोग हंसे, कुछ ने फब्तियां कसी, दोनों महिलाएं चुपचाप सीट से ही चिपकी रहीं। "भला इतनी भरी बस में किसी को सीट दे देना भी कोई अकल मंदी है।" दोनों महिलाएं फुसफुसाई थी। बात बढ़ती देख, बस के कंडक्टर ने जब बाद में दखलंदाजी की और बोला "प्रेम, जरा संभालना भाई।"

जी हां प्रेम उसी युवक का नाम था। उस दिन प्रेम ने उस अजनबी को जब अपनी सीट ऑफर की तो उस अजनबी पर मानो घड़ों पानी पड़ गया। बस में किसी को भी किसी समस्या को सुलझाना होता तो लोग उसे ही बुलाते "प्रेम जरा टिकट ले ले, जरा बाहर से मूंगफली ले लेना प्रेम, जरा बस रुकवाना प्रेम।"

मैं भी उसे देख हैरान होती, इस हालत में भी वह कितना खुश है। एक दिन मैंने ही प्रेम से पूछा "तुम कहां नौकरी करते हो?"

उस दिन मुझे पता चला कि वह किसी सरकारी दफ्तर में सहायक है। प्रेम ने एक और बात भी बताई जो सचमुच मुझे बहुत अच्छी लगी थी उसने बताया "सरकार ने विकलांगों के लिए सीटें आरक्षित की हैं वह उस पर नियुक्त नहीं हुआ। उसने कह दिया था कि आरक्षण के सीट पर नियुक्ति नहीं चाहता। उसने कहा था आरक्षण की सीट उसे ही मिलनी चाहिए जो सचमुच विकलांग हो, उसकी तो जरा सी टांग खराब है और वह दर्द भी नहीं करती। हां, चलने में थोड़ी असुविधा जरूर होती है।" उसने बताया था

कि वे लोग उसकी इस बात से प्रभावित हुए थे, इसलिए पहली बार में उसे चुन लिया गया था। मैं भी उसकी बातों से प्रभावित हुई। मुझे लगा कि प्रेम अच्छा दोस्त बन सकता है। उसमें सारे गुण हैं जो एक अच्छे दोस्त में होने चाहिए। उस दिन मैंने उससे पूछा था "मैं घर जाने के बाद शांत नहीं रह पाती, बताओ क्या करूं?"

उसने बड़े ज्ञानी की तरह मुझे समझाया, "देखो शांत रहने के कारणों, तरीकों को मैं नहीं बता सकता क्योंकि शांत रहने की तरकीब नहीं होती, हां अशांत रहने के तरीकों को मैं जानता हूं। मुझे लगता है कि जब हमें अशांत होने की तरकीब समझ में आ जाती हैं तब हम शांत हो सकते हैं।" मैं उसकी सूरत देखती रह गई और बोली "मैं अपनी अशांति के कारण को जानते हुए भी उसके साथ ही रहना चाहती हूं।" वह मुस्कुरा दिया।

समय की गति रूकती नहीं। मुझे नौकरी में लगे एक वर्ष होने को था। घर के लोग मेरी शादी की चिंता करने लगे थे। एक दिन मैंने प्रेम से कहा, "तुम अभी तक हमारे घर नहीं आए, मेरी शादी पर तो आओगे ना?" मुझे लगा शादी की बात से वह थोड़ा परेशान हो उठा है। परेशानी को छिपाते हुए वह बोला "तुम में और मुझ में बहुत अंतर है लेकिन मैं तुम्हारे घर जरूर आऊंगा, तुम जब भी कहोगी।" उस दिन बस में वह कुछ नहीं बोला। मैंने अपने घर कह दिया कि मैं अभी शादी नहीं करूंगी। एक दो वर्ष और नौकरी कर लूं तो अच्छा रहेगा। मां-बाप ने बात को पूरी तरह से तो नहीं माना, हां अब रोज-रोज लड़के देखना और हर रात को शादी की बातें करना कम हो गया था।

कई दिन बीत गए। प्रेम मुझे अब भी बस में मिलता, भीड़ होने पर मुझे सीट भी देता, लेकिन मुझे लगता कि वह अपने भीतर कुछ छिपाए हुए है। एक दिन हम दोनों एक ही सीट पर बैठे, ऐसा अचानक कभी-कभी हो जाता था। उस दिन मैंने उससे पूछा "तुम मेरे दोस्त हो।"

वह धीरे से बोला "तुम्हें शक है।" मैंने कहा "नहीं शक तो नहीं, लेकिन तुम मुझसे कुछ छुपा रहे हो।"

"मैं क्या छिपा सकता हूं तुमसे, बल्कि तुम ही मुझसे कुछ छुपा रही हो" वह कह गया।

"मैं, मैं क्या छुपा रही हूं?" मैंने हैरानी से पूछा।

"उस दिन तुमने अपनी शादी की बात की थी, लेकिन तुमने आज तक नहीं बताया कि तुम्हारी शादी कब है।" प्रेम ने मेरी आंखों में देखा।

"ओह! तो तुम यह सोच रहे हो?" मैंने कहा।

"और क्या, मैं कई दिन से ढंग से सो भी नहीं पाया" वह नजरें झुका कर कह गया। मुझे ऐसा लगा जैसे यह बात वह कहना नहीं चाहता था, बल्कि यह बात उसकी जुबान से फिसल गई है।

मैं चुप रही। वह पूछने लगा "तुमने बुरा तो नहीं माना?"

मैंने ना की मुद्रा में सिर हिला दिया। उसने पूछा "कब है तुम्हारी शादी?"

"अभी नहीं है, मैंने अभी घर में मना कर दिया है।" मैंने प्रेम से अपनी बात कह दी। उसने खुशी से मेरा हाथ पकड़ लिया। मैंने धीरे से अपना हाथ छुड़ा लिया, वह इतना ही बोला "सॉरी" इसके बाद काफी देर तक चुप्पी बनी रही। मैं घर आ गई। लेकिन प्रेम और उसके व्यवहार को मन से नहीं निकाल सकी। यूं तो सभी अभाव बुरे होते हैं, लेकिन प्रेम का अभाव, सोचते ही मैं अत्यधिक भावुक हो उठी।

"समझदार लोग कहते हैं, प्रेम नासमझ करते हैं। उनका कहना है समझदार केवल प्रेम की बातें करते हैं, अभिनय करते हैं किंतु प्रेम नहीं करते।"

मुझे लगने लगा "प्रेम सचमुच नासमझ ही करते हैं, व्यवहारिक लोग तो केवल प्रेम की बातें करते हैं। वह प्रेम की पीड़ा से डरते हैं ना। हम पूरे मन से कभी किसी के प्रति श्रद्धा नहीं करते, ना कभी प्रेम करते हैं, ना हम लोग कभी हंसते हैं, ना ही पूरे मन से कभी रोते हैं। हमारी सारी बातें औपचारिक होती हैं। हम सदैव दोहरे ढंग से जीते रहते हैं। भीतर कुछ होता है और बाहर कुछ। हम दोहरे ढंग से भी जी लें तो भी कोई हानि नहीं लेकिन हम हजार ढंग से जीते हैं।" लेकिन मुझे दोहरा जीवन नहीं जीना।

मैं जानती हूं जब हमारा मन-मस्तिष्क प्रेम की संभावना छोड़ देता है उसके बाद केवल अहंकार की संभावना ही रह जाती है और कुछ शेष नहीं रह जाता। प्रेम ही एक अकेला ऐसा तत्व है जो अहंकार को तोड़ता है और मिटा देता है। प्रेम एक ऐसा रसायन है जिसमें कठोर से कठोर अहंकार भी पिघल जाता है। मैं स्वयं प्रेम के प्रभाव से पिघल गई हूं। प्रेम, प्रेम, और प्रेम के बारे में सोचते ही रात बीत गई। कुछ दिन बाद हम दोनों को बस में फिर

साथ बैठने का अवसर मिला। वह थोड़ा हट कर बैठ गया। उसे खामोश देख मैंने बात करनी शुरू की "प्रेम, तुम कब शादी करोगे?"

"क्यों?" उसने मुझसे प्रश्न किया।

"यूं ही, क्या मैं नहीं पूछ सकती?" मैं थोड़ा सट कर बैठ गई। उसने मेरी ओर ऐसे देखा मानो कह रहा हो क्यों मजाक करती हो।

"अच्छा बताओ, क्या तुम नाराज हो?" मैंने आत्मीयता से पूछा।

"तुम्हें क्या फर्क पड़ता है मेरे नाराज होने से" कहकर वह खिड़की से बाहर देखने लगा।

"फर्क पड़ता है तभी तो पूछ रही हूं" मैंने कहा।

"उस दिन तुमने अपना हाथ क्यों छुड़ा लिया, सारी उम्र के लिए ना सही, क्या कुछ देर के लिए भी मैं तुम्हारा हाथ नहीं थामे रह सकता था।" उसने प्रश्न भरी निगाहों से मुझे देखा।

मैं सकपका गई, ऐसे प्रश्न की मुझे उम्मीद नहीं थी। वह अब भी मेरी ओर देख रहा था, मानो अपने प्रश्न का उत्तर चाहता हो। मैं असमंजस में फंस गई। मुझे उसका उदास चेहरा याद आया, मुझे अपनी मां और पिता याद आ गए। परिवार, समाज और पता नहीं क्या-क्या कुछ ही पलों में मेरे मन में जल्दी से घूम गया, लेकिन सबसे अंत में प्रेम का निराशा भरा चेहरा उभर कर सामने आया, जो मुझसे कह रहा था, "मुझे स्वीकार कर लो, मैं तुमसे प्रेम करता हूं, मुझे दया नहीं प्रेम चाहिए। मुझे खुशियां दो।" मुझे लगा मेरे कानों में कोई जोर-जोर से चिल्ला रहा है। वह चिल्लाहट दर्द भरी है। मुझे भी प्रेम चाहिए। तुम्हारा साथ, तुम्हारा साथ चाहिए शोर बढ़ता गया। मैंने देखा प्रेम अब भी मेरे जवाब की आशा में मुझे देख रहा है।

मैंने धीरे से प्रेम का हाथ अपने हाथ में ले लिया, उसने मेरे हाथ पर अपना दूसरा तपता हुआ हाथ रख दिया। बस चलती रही...।

■■■

# 7. हमारी बेटी

तुलसी अपने आंगन को बुहार रही है तभी उसका पति प्रकाश आता है और उससे पूछता है "पिंकी कहां है?"

तुलसी जवाब देती है "पड़ोस के बच्चे आए थे, वही ले गए हैं उसको अपने साथ खेलने के लिए।"

"तुम पिंकी को जाकर घर ले आओ जब तक मैं हाथ मुंह धो लेता हूं।" प्रकाश ने कहा तो तुलसी ने जवाब दिया, "अरे कभी कभार ही तो वह बाहर निकलती है। अभी आ जाएगी, पहले आप खाना खा लीजिए।"

"तुम्हें मेरी दो आदतों के बारे में पता है। एक तो मैं पिंकी के बिना खाना नहीं खाता, दूसरे... अभी आगे प्रकाश अपनी बात पूरी करता। तभी बाहर से एक व्यक्ति बहुत ही गुस्से में अंदर आता है और प्रकाश को देखकर कहता है "संभाल के क्यों नहीं रखते अपनी लड़की को, अरे खूनम-खून कर दिया उसने मेरी बच्ची को।"

क्या हुआ। "प्रकाश ने अधीर होते हुए पूछा।

"क्या हुआ, पहले आपकी लड़की ने मेरे लड़की को मारा-पीटा, उसे नीचे गिरा दिया। अरे! खुल्ला क्यों छोड़ रखा है उसे?"

"उसे जरूर किसी ने तंग किया होगा, आप तो जानते ही हो वह....।"

"जानता हूं, सब जानता हूं, पर इसका मतलब यह तो नहीं कि वह मेरे बच्चों को जब चाहे मारती रहे।

"उसको घर में बांध के रख लो।"

"अरे सारा दिन तो वह घर में ही रहती है, आज आपके बच्चे आए थे वही ले गए उसको।"

"अच्छा यह लो, अब एक तो मेरे बच्चे आपकी लड़की को साथ ले जाएं खेलने के लिए, फिर उसकी मार भी खाएं। मैं कहता हूं ऐसी लड़की

को जिंदा रहने का कोई हक नहीं। जान से मार देना चाहिए ऐसी लड़की को।"

आंगतुक, प्रकाश और तुलसी के बीच ये क्रम चलता रहा,

आगंतुक की ऐसी उल्टी-सीधी बातें सुनकर तुलसी को बहुत गुस्सा आ गया। तमतमाए चेहरे से वह सामने आ गई और बोली "आज तो आपने कह दिया, अगर दोबारा आपने कोई बात ऐसी की तो मैं आपकी जान ले लूंगी। अच्छी है, बुरी है, जैसी भी है, हमारा खून है वह, हमारा हिस्सा है हमारी बेटी है।"

तभी पिंकी घर में प्रवेश करती है उसके बाल बिखरे हुए हैं और लगता है बच्चों ने उसे बहुत परेशान किया है। प्रकाश पिंकी को देख कर बहुत दुखी होता है और वह उसको प्यार से गोद में उठा लेता है। तभी तुलसी और प्रकाश दोनों बच्चे को गले लगा कर रोने लगते हैं।

उसी रात प्रकाश तुलसी को कहता है "हम एक-दो दिन में अपना गांव छोड़ देंगे। हम पिंकी को लेकर शहर चले जाएंगे। वहीं पर इसका कुछ इलाज करवाएंगे। गांव में सभी बच्चे पिंकी को बहुत परेशान करते हैं। हमसे देखा नहीं जाता।"

तुलसी प्रकाश की बात सुनकर बहुत हैरान होती है और कहती है "गांव में अपना घर है, अपने खेत हैं, क्या हम सब छोड़कर चले जाएंगे।"

"हां, हम सब छोड़ जाएंगे। तुम देखती नहीं, पिंकी को लेकर रोज ही कुछ ना कुछ गांव में ऐसा घटता रहता है जिसे देखकर मुझे बहुत दुःख होता है और मुझे लगता है कि शहर में रहकर पिंकी अपना बचपन अच्छे ढंग से बिता सकेगी।" प्रकाश ने तुलसी को समझाते हुए कहा। तुलसी प्रकाश के चेहरे को देख रही थी। उसकी आंखों में आई हुई पानी की लकीर उसे साफ दिख रही थी। भीतर से तुलसी भी बहुत अशांत रहती थी लेकिन पिंकी और प्रकाश के लिए वह अपनी भावनाओं पर सदा ही नियंत्रण कर लेती थी। जब प्रकाश ने अपना निर्णय तुलसी को सुना ही दिया तो तुलसी ने भी उसे स्वीकार कर लिया था।

उस घटना के दो दिन के बाद प्रकाश और तुलसी पिंकी के साथ अपने घर से निकल पड़ते हैं, शहर जाने के लिए। उन्हें जाता देख गांव के लोग उनके घर के बाहर इकट्ठे हो जाते हैं...। कहानी को आगे बढ़ाने से पहले

यह बता देना बहुत जरूरी है कि प्रकाश और तुलसी की बच्ची पिंकी असामान्य मंदबुद्धि बालिका है। शहर जाने से पहले वह भगवान से प्रार्थना करती है "आज इस गांव से अपनी बेटी को लेकर शहर जा रही हूं। मेरी बेटी अच्छी स्वस्थ होकर गांव लौटे यही विनती है मेरी। बेटी ठीक हो गई तो मैं गांव के मंदिर में 5 किलो ताजे गुड़ के लड्डू बाटूंगी।" तुलसी की गमगीन और आंसुओं से भरी प्रार्थना सुनकर गांव के लोग, महिलाएं तुलसी के पास आकर उसे हौंसला देते हैं।

प्रकाश और तुलसी उदास चेहरे से बैलगाड़ी में बैठकर रेलवे स्टेशन की ओर रवाना हो जाते हैं। गाड़ीवान अपने गांव का एक गाना गुनगुनाने लगता है और तुलसी और प्रकाश के चेहरे पर कई भाव आते-जाते हैं। स्टेशन आ जाने पर गाड़ीवान प्रकाश को कहता है "बेटा गांव को भूल मत जाना, वापस जरूर आना।"

प्रकाश गाड़ीवान की बात सुनकर उन्हें जवाब देता है "काका जाने का तो मेरा भी मन नहीं है पर जब तक पिंकी को शहर नहीं ले जाएंगे, वह ठीक नहीं होगी। सुना है वहां ऐसे बच्चों के लिए अलग से स्कूल भी हैं। रोजी रोटी का जुगाड़ भी मेरा शहर में हो गया है। तुलसी को भी डॉ. को दिखा दूंगा, डर लगता है काका कहीं दूसरा बच्चा भी पिंकी जैसा ही ना हो।" प्रकाश रुआंसा हो जाता है। गाड़ीवान उसके कंधे पर हाथ रखता है, "ऐसा नहीं कहते बेटा, भगवान पर भरोसा रखो, सब ठीक हो जाएगा।"

गाड़ी आने में अभी काफी समय है प्रकाश तुलसी पिंकी के साथ रेलवे स्टेशन के बेंच पर बैठ जाते हैं और गाड़ी की प्रतीक्षा करने लगते हैं। तभी प्रकाश अपने ख्वाबों में खो जाता है ....उसे याद आता है जब उसकी शादी हुई थी तो उसने तुलसी को कहा था कि मुझे एक बेटी चाहिए। बेटियां देश का नाम रोशन भी कर रही है और माता-पिता के लिए बहुत आवश्यक भी हैं। उसे लगता था पुत्रों से अधिक पुत्रियां घर में होनी अनिवार्य हैं। इसलिए उसने शादी की पहली ही रात तुलसी को बेटी की इच्छा बता दी थी। जब प्रकाश को बेटी होने की सूचना मिली थी तो वह बहुत खुश हुआ था। उसने भगवान का बहुत शुक्र मनाया था और सपनों में अपनी बेटी को खेलते हुए, भागते हुए, दौड़ते हुए और स्कूल में जाते हुए, कई सपने उसने एक ही पल में देख लिए थे।

ट्रेन की आवाज ने प्रकाश और तुलसी को सपनों की दुनिया से बाहर निकाला। ट्रेन आई और यह लोग शहर के लिए उसमें बैठ गए। ट्रेन में काफी भीड़ थी और सहयात्री भी इस डिब्बे में बैठे हुए थे। इस डिब्बे में एक सरदार जी थे। एक बंगाली बाबू और दूसरी ओर कॉलेज की कुछ युवतियां भी बैठी हुई थी जिन्होंने पिंकी को देख कर उसे अपने पास बिठा लिया था। तुलसी और प्रकाश को भी बाद में उसी डिब्बे में बैठने की जगह मिल गई थी।

पिंकी तुलसी को कुछ इशारा करती है और तुलसी उसे एक गिलास में पानी डाल कर देती है। तभी पास बैठी एक लड़की तुलसी से पूछती है "कितने बरस की है?"

"यह 5 साल की है।"

"नाम क्या है?"

"पिंकी।"

"स्कूल जाती है?"

"हां, गांव के स्कूल में जाती थी, पर स्कूल के बच्चे बहुत चिढ़ाते थे कभी-कभार मार भी देते थे। कैसे पढ़ाते हम? निकाल लाए स्कूल से। अब पिंकी के बापू की नौकरी दिल्ली में लग गई है। सुना है दिल्ली में तो बहुत स्कूल है।" तुलसी बताती है।

लड़की जवाब देती है, "हम भी दिल्ली में रहते हैं। इन बच्चों के लिए एक स्कूल तो हमारी ही कॉलोनी में है।" अच्छा स्कूल है, बच्चों को वहां बहुत कुछ सिखाया जाता है। तुलसी जिज्ञासा वश और खुशी से उस लड़की का हाथ पकड़ लेती है, "हमें उस स्कूल का पता बता दो, हमारी बच्ची कुछ सीख जाए, कुछ करने लायक हो जाए..." कहकर तुलसी रोने लगती है। लड़की तुलसी को हौंसला देने के लिए कहती है, "आप चिंता मत करिए, आपकी बेटी जरूर ठीक हो जाएगी। दूसरी लड़की भी अब तुलसी को समझाने का प्रयास करती है, "रोने से कुछ नहीं होता, रोना किसी समस्या का हल नहीं।"

तुलसी देखती है उस लड़की की आंखें नम हैं। पहली लड़की सहानुभूति से दूसरी लड़की को देखती है।

इतने में पास बैठा हुआ युवक प्रकाश से पूछ लेता है, "आपकी बच्ची ऐसे कैसे हो गई, बता सकते हो।"

प्रकाश अब बोल पड़ता है, "हमारी किस्मत, पिछले जन्म में कोई बहुत बुरा काम किया होगा शायद, उसी का फल है वरना ....।"

लड़की कह उठती है "ऐसा क्यों सोचते हैं आप?"

प्रकाश जवाब देता है "तो आप ही बताइए, क्या कारण है इसका?"

लड़की जवाब देती है "अंकल इसके लिए कोई एक भी कारण बताना तो मुश्किल है। मैं जब स्कूल में थी तब ऐसे बच्चों की देखभाल के लिए अस्पतालों और स्कूलों में जाती थी। वहां आने जाने वाले हर लोग यही बातें करते थे कि हमारे बुरे कर्मों का फल है पर वहां के डॉ. इस बात को नहीं मानते। उनका कहना था.....।"

दूसरी लड़की अब बीच में बोल उठती है "प्लीज किसी और विषय पर बात करो, मुझसे सहा नहीं जाता।"

इतना कहकर वह लड़की वहां से उठ जाना ठीक समझती है।

प्रकाश अपने आप से ही कहता है, "किस्मत की होनी को तो सहना ही पड़ेगा हमें, बातों को हम सहें या ना सहें?"

दूसरी लड़की के उठकर चले जाने के बाद, पहली लड़की प्रकाश को कहती है, "आप लोग बुरा ना मानिए, कल राखी थी और यह अपने भाई को मिलकर आ रही है जो हरिद्वार के पास एक आश्रम में है। वह मंदबुद्धि है, 22 साल का है परंतु ठीक से बोल नहीं पाता, चल भी नहीं पाता।"

प्रकाश कह उठता है, "उसके भाई का इलाज नहीं हो पाया, वो चल नहीं पाया, तो क्या हमारी बेटी भी ...?"

लड़की, "नहीं नहीं, आप ऐसा मत सोचिए। उसके भाई का आईक्यू तो सिर्फ 20–25 है। इस बुद्धि माप के बच्चे को संभालना परिवार के लिए बहुत मुश्किल होता है।"

प्रकाश पूछ बैठता है, "यह आईक्यू क्या होता है?"

लड़की जवाब देती है, "बच्चे के समझने की, कार्य करने की क्षमता कितनी है यह मनोवैज्ञानिक अपनी तरह से जांचते हैं और उसे ध्यान में रखकर ही बच्चे को सिखाया या पढ़ाया जाता है।"

प्रकाश "भगवान करे हमारी बच्ची का आईक्यू ठीक हो।"

लड़की, "हां पिंकी को देखकर लगता है, यह काफी कुछ सीख जाएगी। जल्दी ठीक हो जाएगी।"

तुलसी पिंकी के सर पर हाथ फेरते हुए कहती है, "जाने वो जल्दी कब होगी।"

इसी बीच रेल के डिब्बे में कोई उदासी भरा गीत गाता हुआ आ जाता है और सब लोग उसका गीत सुनकर उदास हो जाते हैं। डिब्बे में बैठे हुए सभी, पिंकी को प्यार से अपने पास बुलाते हैं, बिठाते हैं और कुछ ना कुछ खाने को देना चाहते हैं पर पिंकी प्यार और इन सब बातों से बेखबर शून्य में देखती रहती है।

दिल्ली का रेलवे स्टेशन आ जाता है और सब लोग अलग होने से पहले एक दूसरे से बात करते हैं। विशेषकर वह दोनों लड़कियां तुलसी को अपना पता लिखवा जाती हैं और कहते हैं कभी जरूरत पड़ने पर हमसे संपर्क कर लिया जाए। पहली लड़की तुलसी के पास आकर कहती है यदि आपको कभी हमारी मदद की जरूरत हो तो आप बिना झिझक के हमारे पास आ जाइएगा। पिंकी को आप जल्दी ही उस स्कूल में दाखिल करवा दीजिए तुलसी पिंकी को कहती है टाटा करो दीदी को और पिंकी हाथ हिलाती है। लड़कियां उसे प्यार से टाटा करते हुए विदा हो जाती हैं।

दिल्ली की विभिन्न सड़कों से गुजरते हुए तुलसी और प्रकाश अपने निश्चित घर में पहुंच जाते हैं जिसे उन्होंने अपने मित्र को कहकर पहले से ही ले लिया था। रात को सोने से पहले तुलसी प्रकाश को कहती है "काश हमारी पिंकी यहां आकर कुछ सीख जाए। कुछ अपने करने लायक हो जाए। वह उदास होकर रोने लगती है।"

प्रकाश उसे समझाता हुआ कहता है, "क्या हुआ तुलसी, पिछले कई वर्षों से तुम इतनी बहादुरी से बच्ची को पाल रही हो, फिर अब जबकि हम शहर आ गए हैं और हमें उम्मीद की एक किरण दिख रही है तो तुम उदास क्यों हो रही हो?" प्रकाश उसे कल पिंकी के स्कूल जाने के लिए कह देता है। अच्छे सपने देखते हुए पिंकी, तुलसी और प्रकाश सो जाते हैं।

अगले दिन प्रकाश तुलसी पिंकी को लेकर मंदबुद्धि बच्चों के लिए बनाए गए एक स्कूल में जाते हैं स्कूल का पूरा दृश्य देखकर वे दोनों बहुत प्रसन्न होते हैं। एक और बच्चे पीटी कर रहे हैं, दूसरी और कुछ बच्चे खेल रहे हैं, जब वे थोड़ा आगे जाते हैं तो एक क्लास में कुछ बच्चों को पढ़ाई करते हुए भी देखते हैं जिसमें टीचर बच्चों को फलों के बारे में समझा रहा है।

प्रकाश और तुलसी पिंकी को लेकर प्रिंसिपल के कमरे में पहुंचते हैं। प्रिंसिपल पूछता है, "आप अपनी बेटी को इस स्कूल में ही क्यों दाखिल करना चाहते हैं?" वह बताता है, "उन्हें इस स्कूल का पता आपकी ही कॉलोनी की लड़कियों ने दिया है और उन्होंने आपके स्कूल की तारीफ भी की है इसलिए।"

प्रिंसिपल प्रकाश से पूछता है कि आप अपने-अपने पारिवारिक जीवन के बारे में कुछ बताएं और प्रकाश वहीं बैठे-बैठे पुरानी यादों में खो जाता है। जब उसकी शादी तुलसी के साथ होती है और वह शादी की पहली रात में तुलसी को कहता है, मुझे एक तुम्हारे जैसी सुंदर छोटी तुलसी चाहिए। यादों यादों में वह बहुत आगे निकल जाता है और तुलसी के साथ ही अपनी होने वाली बेटी के लिए बहुत सपने देखने लगता है, उन सपनों में वह अपनी बेटी को खेतों में भागते, स्कूल में पढ़ते और पुरस्कार लेते हुए देखता है।

प्रिंसिपल प्रकाश की सोच को भंग करता है और कहता है "जिस तरफ आप रहते हो उस तरफ से हमारे स्कूल में कोई बच्चा नहीं आता, इसलिए आप के उस तरफ से बच्चे को लेने के लिए बस नहीं आ सकेगी। आपको खुद ही कुछ दिन के लिए बच्चे को स्कूल छोड़ने आना पड़ेगा। बाद में हम लोग विचार कर लेंगे।"

प्रकाश इस बात पर राजी हो जाता है कि वह कुछ दिन के लिए बच्चे को खुद स्कूल में छोड़ने आ जाएगा। इस पर प्रिंसिपल उन्हें साथ वाले कमरे में जाकर पर्चा भर कर दाखिला लेने को कहते हैं। इस कमरे में पिंकी के बारे में स्कूल के कागजों में कुछ जानकारी भरी जाती है।

फार्म भरने से पहले प्रकाश, से पूछा जाता है, "आपको कब पता चला कि वह मंदबुद्धि है?"

प्रकाश ने बताया "जब पिंकी ने एक डेढ़ वर्ष के बाद भी बैठना शुरू नहीं किया तो हमें चिंता हो गई।"

बाकी सब बातें तो उसकी आम बच्चों से अलग ही थी। हमने इसे शहर के एक डॉ. को दिखाया था जिस ने बताया था कि "आपकी बच्ची मंगोल बच्ची है। जब हमने पूछा कि मंगोल क्या होता है तो उसने बताया था कि ऐसे बच्चे अपना हर काम देरी से करते हैं, बैठना चलना, दांत निकालना और बोलना भी।"

प्रकाश ने जब डॉ. से पूछा "कितना देर से काम करेगी? क्या यह पढ़ लिख सकेगी? स्कूल जाएगी?

डॉक्टर ने कहा था "देखिए इसमें कुछ नहीं हो सकता। ऐसे बच्चों को बिल्कुल सामान्य बना देने वाली कोई दवा नहीं है। अपने देश में ही नहीं विदेशों में भी ऐसे रोगों का निदान अभी तक संभव नहीं हो पाया।

परंतु आप अपनी सेवा एवं प्रेम से अपनी बेटी को काफी हद तक सामान्य बना सकते हैं।

उस व्यक्ति ने अब तुलसी से पूछा "क्या गर्भधारण के दौरान आपको कोई बीमारी हुई थी।" तुलसी सोचने लगती है... वह पूछता है "चेचक, खसरा, काली खांसी या कहीं गिर कर चोट लगी हो।" तुलसी सोचने लगती है... उसे याद आता है... उसे इस दौरान एक बार भयानक खसरा निकला था। तब डॉ. ने उसे बताया भी था कि ऐसी अवस्था में कभी-कभी होने वाले बच्चे पर भी बुरा असर पड़ सकता है।"

तुलसी ने एक और बात बताई थी, "वह कहने लगी जब पिंकी पैदा हुई थी तब यह बहुत देर के बाद रोई थी। हो सकता है यह भी कोई संकेत हो बच्चे के असामान्य होने का।"

अपनी बात पूरी कर लेने के बाद जब फार्म भरा गया तो प्रकाश और तुलसी ने देखा दूसरी और एक और बच्चा अपने माता-पिता के साथ स्कूल में दाखिल होने के लिए आया हुआ है और अब फार्म भरने और पूछताछ के लिए इस नव दंपति को आना था जब तक प्रकाश स्कूल की और औपचारिकताएं पूरी कर रहा था। तुलसी वहीं कमरे में बैठी रही। इस बीच आने वाले बच्चे से और उसके माता-पिता से पूछताछ शुरू हो गई थी उसकी माता ने जो बताया वह इस प्रकार था, "मुझे लगता है मैं ही अपने बच्चे की इस दशा के लिए दोषी हूं। गर्भावस्था के दौरान मैंने अपने पति और मित्रों के साथ जी भर कर सिगरेट और शराब का सेवन किया। मुझे इस बात की बिल्कुल जानकारी नहीं थी कि मेरा ऐसा किया जाना मेरे होने वाले बच्चे पर कुछ बुरा असर डाल सकता है। पूरे 9 महीने के दौरान मैंने कुछ भी अच्छा नहीं किया। कई बार घोड़े की घुड़सवारी भी की।"

"बहुत शराब पी और दिन में एक-दो डिब्बी सिगरेट पी लेती थी। पता नहीं क्यों मुझे लगता है कि गर्भावस्था के दौरान मुझे सात्विक रहना चाहिए

था और अब मेरे सामने.... आप देख रहे हैं। यह बच्चा ठीक से बैठ भी नहीं सकता और बोल भी नहीं सकता। मैं फिर भी इसे आपके स्कूल में लाई हूं कि शायद ये अपने लायक बन सके।"

प्रिंसिपल ने जब उनकी यह बात सुनी तो बहुत क्रोध में आ गए "जब आप अपनी जिम्मेदारियां ठीक से नहीं पूरी कर सके तो स्कूल और मैं, हम सब क्या कर सकते हैं खैर आप इस बच्चे को कहीं और ले जाइए इस स्कूल में केवल वही बच्चे लिए जाते हैं जो ठीक से बैठ सकते हों, बोल सकते हैं, चल सकते हैं। सुनील के माता-पिता, दोनों प्रिंसिपल की इस बात को सुनकर बहुत दुखी हो गए थे, लेकिन प्रिंसिपल भी क्या कर सकते हैं। बच्चा ठीक से बैठ भी नहीं पा रहा था और उसके हाथ और पैर भी बिल्कुल मुड़े हुए थे। यह भी पता लग रहा था कि इस बच्चे का आईक्यू भी बहुत कम है। सुनील को साथ आया नौकर गोद में उठा लेता है। उसके माता-पिता सुनील और नौकर को पिछली सीट पर बिठा देते हैं और अब दोनों अपनी कार में आ बैठते हैं और घर के लिए चल पड़ते हैं। कार में बैठते ही सुनील की मां उसके गले लग के रोने लगती है तभी सुनील मां के आंसू पोंछता है। प्रकाश और तुलसी दोनों बहुत खुश होते हैं कि पिंकी को स्कूल में दाखिला मिल गया है। स्कूल में सभी बच्चे एक जैसे होते हैं और पिंकी उनके बीच बहुत कुछ सीख जाती है। वास्तव में यह स्कूल सामान्य बच्चों का होता है और इसी स्कूल में एक कक्षा ऐसे बच्चों के लिए रखी गई थी जो बच्चे कम आईक्यू के होने के कारण दूसरे बच्चों के साथ शिक्षा नहीं पा सकते थे। स्कूल के प्रिंसिपल समय-समय पर सामान्य बच्चों को यह शिक्षा देते रहते..., "आप इन मंदबुद्धि बच्चों के साथ भी अपना समय बिताएं और उन्हें सामान्य महसूस करवाएं। मंदबुद्धि बच्चों को यह नहीं लगना चाहिए कि वह सामान्य नहीं हैं। किसी भी प्रकार की अवहेलना ऐसे बच्चों को और भी कमजोर करती है। इन बच्चों को जितना प्यार से समझाया जाएगा और जितना अपनापन दिया जाएगा यह बच्चे उतना ही सीख पाते हैं और उन बातों को मान भी लेते हैं।"

इसी कक्षा में कुछ बच्चे बहुत अच्छा डांस करते थे तो कुछ बच्चे बहुत अच्छी पेंटिंग। एक साल में पिंकी मैं बहुत बदलाव आ गया था। वह थोड़ी

बात भी करने लगी थी और उठने, बैठने, चलने में भी वह बहुत सक्षम हो गई थी। प्रकाश और तुलसी को लग रहा था कि अब कुछ ही वर्षों में पिंकी और बेहतर हो जाएगी।

प्रकाश का शहर में अच्छा काम चल रहा था। समय मानो बदल सा गया था। एक बार प्रकाश अपने गांव में जाकर सबको अपनी खुशखबरी दे आया था कि वह दोबारा पिता बनने वाला है। उसे मन ही मन यह भी डर था कि दूसरा बच्चा कहीं पिंकी जैसा ना हो जाए।

तुलसी के मन की शंका को दूर करने के लिए प्रकाश उसे शहर के एक बड़े सरकारी अस्पताल में जांच कराने के लिए ले जाता है। डॉ. के कमरे में प्रकाश और तुलसी जाते हैं तो डॉ. तुलसी से पूछती है "यह तुम्हारा पहला बच्चा है।"

तुलसी जवाब देती है "नहीं, दूसरा।"

डॉक्टर "पहले बच्चे की उम्र कितनी है?"

तुलसी जवाब देती है "छः बरस की बेटी है पर डॉ. ने उसको मंगोल बेबी कहा है।"

डॉक्टर गंभीर हो जाती है। तुलसी अब अपने मन की बात डॉ. के समक्ष कहने लगती है, "डॉक्टर साहब, मुझे एक बात साफ-साफ बताइए, क्या मेरा दूसरा बच्चा भी वैसे ही होगा?"

लेडी डॉ. जवाब देती है, "अभी कुछ भी नहीं कहा जा सकता। पूरी जांच के बाद ही कुछ कहा जा सकता है। वैसे कुछ विशेष कारणों और हिदायतों के बारे में तुम्हें बताना ठीक रहेगा, जैसेः जन्म के पूर्व या बच्चे के गर्भ के दौरान कोई गंभीर बीमारी, किसी चोट का लगना, खाने-पीने में अनियमितता, चेचक, जर्मन खसरा आदि बीमारियां मंदबुद्धि बच्चे पैदा होने का मुख्य कारण होते हैं। जन्म के समय यदि किसी बच्चे के सिर में किसी प्रकार की चोट लग जाए तो उसके तंतुओं को नुकसान पहुंच सकता है और इस प्रकार के नुकसान कई बार मंद बुद्धि के कारण बन जाते हैं। माता-पिता के रक्त का आपस में आरएच फैक्टर न मिलना भी इसका एक कारण हो सकता है, क्योंकि कई बार भिन्नता आवश्यकता से अधिक होती है जिससे बच्चे की मांसपेशियों पर बुरा प्रभाव पड़ता है। गर्भावस्था के दौरान आपको अच्छा भोजन लेना चाहिए, तनाव से बिल्कुल मुक्त रहना चाहिए,

जहां तक हो सके पहाड़ी इलाकों में यात्रा करने और ऊंची एड़ी के सैंडल आदि पहनने से बचना चाहिए।

कुछ कारणों में माता-पिता का दोष नहीं होता वे होते हैं जींस प्रॉब्लम। इसमें किसी का भी दोष नहीं होता।

कई बार गरीबी भी मंद बुद्धि का कारण बन जाती है। जिन बच्चों को विटामिन बी या अन्य कोई महत्त्वपूर्ण तत्व नहीं मिलते या किसी महत्त्वपूर्ण तत्व की कमी भी रह जाती है, वहां भी अन्य रोगों के साथ-साथ बच्चे के दिमाग पर भी असर पड़ता है। खैर आप के मामले में ज्यादा घबराने की जरूरत नहीं। अभी आपकी उम्र भी ज्यादा नहीं है। यह समस्या कई बार मां या पिता की आयु के अधिक होने के कारण भी हो सकती है और ऐसे बच्चा पैदा होने का कारण बन जाती है।... भगवान पर भरोसा रखिए और अपने खाने-पीने पर विशेष ध्यान दीजिए। हां। चिंता बिल्कुल मत कीजिए। हो सके तो गर्भावस्था के दौरान अपने पति को भी अल्कोहल या बीड़ी सिगरेट से मना ही रखें।" डॉ. हंसकर तुलसी की ओर देखकर कहती है "बच्चा तो दोनों का साझा ही होता है ना।" तुलसी हंसने में लेडी डॉ. का सहयोग देती है। तुलसी उठ खड़ी होती है, "अच्छा डॉ. साहिबा, नमस्ते।"

वह कमरे के बाहर आ जाती है, जहां प्रकाश उसका इंतजार कर रहा होता है।

प्रकाश और तुलसी दोनों घर आ जाते हैं जहां पिंकी अब स्कूल से आ गई है। तुलसी हमेशा की तरह पिंकी को शाम को पार्क में घुमाने के लिए ले जाती है। वहां वह और बच्चों के साथ खेल रही है और तुलसी को याद आते हैं गांव के बच्चे जो खेलते समय पिंकी को बहुत तंग करते हैं और कभी-कभी इसके मुंह पर लाल, नीले, पीले रंग लगा देते हैं और कभी इसके बालों के साथ कुछ पेड़ की टहनियां बांध देते हैं। क्योंकि पिंकी पेड़ पौधों से काफी डरती थी और गांव के बच्चे इसे इन्हीं पत्तों को दिखाकर परेशान किया करते थे। अचानक पिंकी को खेलते देख तुलसी अपने आंसू पोंछती है और भगवान का शुक्र मनाती है कि वह अब शहर में है और पिंकी भी धीरे-धीरे बेहतरी की ओर अग्रसर हो रही। हर शाम पिंकी, प्रकाश और तुलसी मिलकर खाना खाते हैं और अब पिंकी उन्हें खाना खिलाने में

सहयोग भी करने लगी है। कभी-कभी अपने आप उठ कर पिता के लिए तोलिया ले आती है और कभी मां के लिए पानी का गिलास भी। पिंकी को ऐसा करते देख प्रकाश और तुलसी बहुत भावुक हो उठते हैं। पिंकी को अपने आप खाना खाते देख प्रकाश और तुलसी बहुत खुश है।

उस दिन पिंकी के स्कूल में किसी बच्चे का जन्मदिन था और सभी सामान्य बच्चे और मंदबुद्धि बच्चे मिलकर बहुत खुशी से जन्मदिन मना रहे थे। मिठाइयां खाते हुए, रंग-बिरंगी टोपियां लगाए हुए सभी बच्चे खुश हैं। तभी प्रिंसिपल आते हैं और सभी बच्चे दरी पर बैठ जाते हैं। प्रिंसिपल बच्चों को कहते हैं, बच्चों तुम सब इन स्पेशल बच्चों के पास कभी-कभी आया करो, इनके साथ खेला करो, ये बच्चे तुम्हारी ही तरह है। बस किसी ना किसी कारण इनके शरीर में कुछ दोष रह गए हैं, लेकिन ये भी प्यार की कामना करते हैं और बहुत ही संवेदनशील बच्चे हैं। अगर तुम सब इनके साथ खेला करोगे तो यह बच्चे बहुत जल्दी ठीक भी हो जाएंगे और इन्हें अच्छा लगेगा।"

सभी बच्चे प्रिंसिपल को आश्वासन देते हैं "हमें जैसे ही समय मिला करेगा, हम क्लास टीचर से पूछ कर इन बच्चों के पास अपना कुछ समय व्यतीत करा करेंगे।"

तुलसी के दूसरा बच्चा होने का समय जैसे-जैसे पास आ रहा है प्रकाश चिंतित रहने लगा है, लेकिन तुलसी ने प्रकाश को बता दिया है, "आप चिंता मत कीजिए, आसपास की कुछ महिलाओं से मेरी मित्रता हो गई है।"

प्रकाश को तुलसी एक महिला के बारे में बताती है जिसे तुलसी बुआ कहती है और उसने वादा किया है कि जब भी तुलसी को उसकी जरूरत पड़ेगी, वह बुलाने पर आ जाएगी। इसलिए प्रकाश को तुलसी काम पर भेज देती है। प्रकाश काम पर जाने से पहले एक खिलौनों की दुकान में जाता है और कुछ खिलौने खरीद कर रख लेता है।

2 दिन के बाद तुलसी को अस्पताल जाना पड़ता है जहां मोहल्ले की औरतें उसे अस्पताल में ले जाती हैं और इस बीच प्रकाश को भी अस्पताल में बुला लिया जाता है। कुछ समय के बाद डॉ. प्रकाश को बधाई देते हुए बताती है कि उसके घर बेटा हुआ है। प्रकाश की खुशी की कोई सीमा नहीं रहती। वह डॉ. से पूछता है, "उसका बेटा सामान्य है ना, उसे कोई बीमारी

तो नहीं?" डॉ. समझ जाती है और वह हंसकर उसे दिलासा देती है और कहती है, "आपका बच्चा बिल्कुल स्वस्थ है।"

तीसरे दिन जब प्रकाश अपने बेटे को लेकर घर आता है और प्रकाश अपने बेटे को पिंकी की गोद में डाल देता है। पिंकी खुशी के मारे हंसने लगती है और अपने भाई को देख कर कहती है "भैया।"

प्रकाश और तुलसी जब पिंकी को अपने गोद में उठाए बच्चे को भैया कहते सुनते हैं तो वे दोनों बहुत खुश हो जाते हैं और पिंकी को गले से लगा लेते हैं। चारों तरफ खुशी का वातावरण है और बुआ एक बड़ी पीतल की परात में लड्डू लेकर कमरे में प्रवेश करती हैं। गली के बाहर कुछ लोग ढोल बजा रहे हैं। चारों तरफ खुशी का वातावरण बन गया है।

■■■

# 8. एकांतवास

जैसे ही वह रेल के डिब्बे में आई, मेरी नजरें उसके चेहरे को देखते ही पहचान गई। अरे यह तो रोशन की पत्नी है। हालांकि वह बहुत दुर्बल और कांतिविहीन दिख रही थी। मैने सोचा अभी कोई और भी इसके साथ आएगा, पर वह अकेली ही सामने वाली सीट पर बैठ गई। हाथ में पकड़ा हुआ सूटकेस उसने बर्थ के नीचे खिसका दिया। पता नहीं उसने मुझे अब तक क्यों नहीं देखा। वह खिड़की से बाहर देख रही है। गाड़ी से बाहर हमेशा की तरह स्टेशन पर बहुत भीड़ है। मुझे लगा कि वह रोशन का इंतजार कर रही है। मैंने अपने सिर के पल्लू को थोड़ा माथे पर सरका लिया। मैं नहीं चाहती थी कि रोशन डिब्बे में आ जाएं और मुझे पहचाने। रोशन को देखने की इच्छा तो थी पर मैं अपनी सूरत उसे दिखाना नहीं चाहती थी।

डिब्बे में अब काफी लोग आ गए। मैं हरिद्वार जा रही हूँ। एक महीने के लिए 'स्वर्ग आश्रम' में आराम करना चाहती हूँ, सो अपना घर अपने बड़ों के सुपुर्द कर मैं अकेली हरिद्वार जा रही हूँ। पचास वर्ष की आयु में शायद पहली बार ही बिलकुल अकेली घर से निकली हूँ। पिछले तीस वर्षो में एक दिन भी नहीं, मन इन वर्षो में कितना परेशान रहा पर यही सोचा कि कौन स्त्री परेशान नहीं रहती। मृत्यु का ग्रास बनने से पूर्व अकेले ही हरिद्वार जाने की इच्छा थी। आज उसे पूरा होते देख मन को बहुत तसल्ली है, परंतु यह रोशन की पत्नी न जाने कहां से आ गई।

मैं सोचने लगती हूँ। रेल यात्राएं बहुत की हैं मैंने जब मैं बारह बरस की थी तब अपनी नानी के साथ कई बार और फिर शादी के बाद अपने बच्चों और पति के साथ। उस समय तो अच्छा लगता था, पति है, बच्चें हैं, इन सबके साथ घूमना एक आनंद का एहसास बना रहता था। मुझे याद है उस आनंद के दौरान भी अकेले चुपचाप एकांत में चले जाने की ललक बनी

रहती थी, लेकिन कभी भी अकेली न रह सकी। इस बार भी अपने पति को घर छोड़कर बहुत मुश्किल से निकली हूँ। उनको समझा दिया है, अब इस उम्र में कहीं अकेले जाने-आने में कोई खतरा नहीं है। मेरे समझाने के बावजूद वह मान ही नहीं रहे थे, आते समय मुझे कह दिया कि "दो दिन के बाद मैं भी आ जाऊगां। "स्वर्ग आश्रम" में। मैंने तो साफ कह दिया, "दो दिन बाद नहीं, कम से कम मुझे 10 दिन तो अकेले रहने दो।" वह हैरानी से बोले, "दस दिन।"

"इतने वर्षो में लगभग तीस वर्ष बाद, क्या मुझे दस दिन की छुट्टी भी नहीं।" मैंने नाराजगी से पूछा तो कहते है, "जाओ भई, रहो अकेले।" मेरा मन किया कह दूं जो मुझे कहना है पर चुप रही। जवाब देती तो आ नहीं पाती। अकेले घूमने की तीव्र इच्छा को मैं किसी भी कीमत पर और दबा नहीं सकती थी।

अपने विचारों में ऐसी खोई कि पता भी नहीं चला कि कब गाड़ी चल पड़ी। मैंने रोशन की पत्नी का नाम याद करने की नाकाम कोशिश की, बहुत सिर खपाने पर भी मुझे उसका नाम याद नहीं आया। मैंने देखा वह आलथी-पालथी मारे चुपचाप बैठी है। मुझे लगा, वह भी अकेली ही जा रही है उसके चेहरे की पीड़ा को देख मैं उससे बात करने का साहस न जुटा सकी। उसे देख मुझे रोशन की याद आने लगी। आज हंसी आ रही है अपने मन पर, अब उसकी याद आ रही है जबकि पता नहीं वह अब कहां होगा। मुझे याद है कि रोशन की दो बहुत सुंदर बच्चियां थीं। पर पता नहीं, क्यों रोशन का मन अपनी पत्नी की ओर से खिचने लगा था। मैंने महसूस किया वह मेरी ओर आकर्षित हो रहा है। मन ने धिक्कारा, "क्या सोचती, उसकी इतनी अच्छी, सुंदर पत्नी है, फिर तुझमें ऐसा क्या है?" मैं उस समय मन की बात मान गई। बाद में मैंने महसूस किया कि वह मुझे अधिक महत्त्व देने लगा है। वह बड़े संस्थान में जनरल मैनेजर था और मैं सिर्फ एक सहायक। मैंने महसूस किया था कि मैं जब भी उसके कमरे में जाती वह अपनी सीट से खड़ा हो जाता, उठकर मेरा अभिवादन करता। मुझे उसका व्यवहार बहुत अच्छा लगता, पर मुझे शर्म भी आती कहां वो, कहां मैं। उसके कमरे में मुझे ही कहना पड़ता "बैठिए सर" तब जाकर वह बैठता और मुझे तो वो बैठने के लिए कहना ही भूल जाता। रोशन के बैठने के बाद मैं खुद ही कुर्सी सरका कर बैठ जाती।

उस दिन आफिस में रोशन ने पार्टी दी थी, मैं भी उसमें शामिल थी। सब उसके पीछे पड़े थे "बताइए न सर, आज की पार्टी क्यों दी? वह चुप रहा। मैंने भी पूछा, "कुछ कारण तो होगा ना सर, आप बताइए ताकि हम आपको बधाई दे सकें।" वह हमेशा की तरह अपनी बड़ी-बड़ी आंखों में खामोशी लिए बैठा रहा। मुझे लगा इससे अवश्य पूछना चाहिए। उस दिन कुछ समय के बाद किसी काम से जब मैं रोशन के कमरे में गई तो वह फोन करते हुए खिड़की से बाहर देख रहा था। मेरे अंदर आते ही वह मुस्कुराया, उसकी आंखें भी मुस्कुराई, फोन रखने के बाद वह सीट पर खड़ा हो गया और कह उठा "जन्मदिन मुबारक हो।" मैं हैरान हो गई थी। सर, आपको कैसे पता? वह खुलकर हंसा, "कल तुम्हारी पर्सनल फाइल आई थी, जन्म दिन पास ही था, सोचा बधाई तो दे दूं।"

"मैं थैंक्स भी न कह सकी। मैंने पूछा, था "सर आज की पार्टी?"

"छोड़ो न" वह मेरी ओर पीठ करके खड़ा हो गया। मैं कमरे से बाहर आ गई। पता नहीं कुछ पूछने की हिम्मत क्यों नही हुई थी? मैं जैसे ही कमरे से बाहर आई रोशन ने मुझे पुकारा था... "रजनी जी एक मिनट" मैं पुनः उसके कमरे में थी। उसने उस दिन मेरा माथा चूमकर मुझे कहा था, "बहुत बरस जीओ और मेरे पास ही रहो।" मैं जड़ हो गयी थी। उसी ने कहा था, "अब तुम जा सकती हो।" बोझिल कदमों से मैं बाहर आ गयी थी।

घर पहुंच कर देखा मेरे पति अपने दोस्तों के साथ बतिया रहे थे, सास बुरी तरह खांस रही थी। मैं जल्दी से रसोईघर में गई और उन्हें पानी पिलाया। पानी पीकर वह पुनः खांसने लगी। घर का वातावरण ऐसा था कि कभी रोशन के बारे में कुछ सोच ही न पाई। समय ही नहीं रहता था अपने लिए। बाद में तो मुझे अपने दोनों बेटों के लिए सारा समय देना पड़ता। चक्की की तरह घूमती रहती थी मैं अपने घर में, फिर भी कहीं न कहीं कुछ छूट ही जाता।

रोशन बहुत आकर्षित करने वाले व्यक्ति, उनका पूरा व्यक्तित्व ही मुझ पर हावी हो गया था। फिर एक समय ऐसा भी आया जब मैं भी उसके बारे में सोचने लगी। समय-असमय, खाना पकाते कई बार हाथ जलाए और कपड़े धोते हुए अपने ही हाथ पर थापी मार देती, दर्द में, सुख में रोशन मेरे दिमाग में रहने लगे। काम के साथ और बिना काम के उसके बारे में

सोचने लगी। उससे सुख-दुख की बातें करना मेरे लिए आवश्यक नियम सा बन गया।

रोशन और मैंने सात वर्ष इकट्ठे काम किया। मानसिक रूप हम एक दूसरे के साथ जुड़ गए थे। शारीरिक संपर्क की हमें जरूरत ही नहीं पड़ी थी उसके पास पत्नी थी और मेरे पास पति। मुझे एक खबर ने उस दिन बुरी तरह चौंका दिया था कि रोशन की बदली दिल्ली से बाहर हो रही है। उस दिन मैं बहुत रोई थी। पता नहीं क्यों लग रहा था कि मैं उसके बिना जी नहीं पाऊंगी। जाने से पहले रोशन ने कहा था "मैं तुमसे बहुत प्यार करता हूं ...अपनी पत्नी से भी ज्यादा। अगर तुम कहो तो मैं उसे तलाक दे सकता हूं।" उसने यह बात बहुत अटक-अटक कर कही थी। मैंने तो साफ मना कर दिया था, "सम्मान से बिल्कुल हाथ धो बैठोगे... हम ऐसा कैसे सोच सकते हैं।"

"पता नहीं कैसे सोच लिया पर जो सोच लिया है बहुत विचार के बाद और बहुत रातों की नींद गंवाकर और दिन के चैन से हाथ धोकर ही तुमसे कहा है।"

"मैं भी उससे बहुत प्यार करती थी पर कभी कह नहीं पाई। उस आखिरी दिन भी मुझपर हमेशा की तरह अच्छी स्त्री हावी रही थी, मन चिल्लाता रहा था, आंखें भीतर ही भीतर बरसती रहीं लेकिन मैंने झूठ का सहारा नहीं छोड़ा, मैंने उसे कह दिया "मैं तुमसे ज्यादा अपने पति को प्यार करती हूं, अपने बच्चों और अपने परिवार के प्रति मैं कभी मुंह नहीं मोड़ूंगी" और तो और मैंने उसे भी नसीहत दे दी थी, "तुम्हें भी अपनी पत्नी और बच्चों का साथ देना चाहिए। हमें कोई हक नहीं बनता हम अपने चंचल मन के हाथों मजबूर होकर अपने परिवारों को जीते जी नरक की ज्वाला में जलने के लिए हमेशा के लिए झौंक दें।"

आज हंसी आ रही है अपने कथन पर। वह उस दिन चला गया। मैं अकेले आफिस में काम नहीं कर सकती थी। लगता था, एक लाश हवा की तलाश में और भटक नहीं सकती। मैंने भी नौकरी छोड़ दी। उसके बाद कभी रोशन से मुलाकात नहीं हुई।

समय कैसे गुजर जाता है पता ही नहीं चलता, पर एक बात का संतोष मन में बना रहा कि मैंने कुछ गलत नहीं किया। मैं जानती हूं प्रेम तो अनजाने

में हो जाता है पर शादी, तलाक या शारीरिक संबंध तो पूरे होशो-हवास में किए जाते हैं और ऐसा करने के लिए मैंने अपने मन को उस समय अनुमति नहीं दी। मैंने रोशन का घर खराब नहीं किया बस इसी संतुष्टि के आधार पर सारा जीवन बीत गया। रोशन की पत्नी को सिर्फ एक बार ही पार्टी में देखा था, हालांकि अब उसकी सूरत काफी बदल गई है पर मैं जानती हूँ, यह वही है।

गाड़ी अब भी चल रही है, मैंने देखा वह गठरी बनी सो रही है। मैंने समय देखा सुबह के पांच बज गए थे मैंने मन ही मन सोचा गाड़ी साढे छः बजे हरिद्वार पहुंचेगी। मैंने रात को ही थर्मस में चाय भरवा ली थी। हाथ मुंह धोने के बाद मैंने गिलास में चाय डालकर पीना शुरू ही किया था कि वह हिली। न चाहते हुए भी मैं कह उठी, बहनजी दिन निकल आया है। वह उठकर बैठ गई, जब वह हाथ मुंह धोकर लौटी तो मैंने उसकी ओर चाय का गिलास बढ़ाया। वह बोली आप पीजिए, मैं...। मैंने उसे बीच में ही टोक दिया, "ले लो बहन, मैंने तो पी ली है।" वह चुपचाप चाय पीने लगी। मैंने कहा, "आपको कहीं देखा हुआ लगता है।"

वह इस बार नजरें उठाकर मेरी ओर देखती है। मैं कुछ सोचने का अभिनय करती हूँ। वह मुझसे ही पूछ बैठती है, "आपने मुझे नहीं पहचाना पर मैनें आपको पहचान लिया है।" मानो मैं रंगे हाथों पकड़ी गई। उसने चाय खत्म कर गिलास धो दिया। मैं उसे देखती रही वह कुछ पूछे, मुझसे बात करें पर वह कुछ नहीं बोली। मैं और वह चुप रहीं। जब उसने मुझे कहा था कि उसने मुझे पहचान लिया है तब उसकी आवाज थोड़ी भर्राई थी और बात खत्म करने पर उसने एक लम्बी सांस ली थी।

गाड़ी में कुछ लोग अभी सोए हुए थे, कुछ अलसाए से बैठे थे। पर मेरा ध्यान तो उसी पर था। वह अचानक मुझसे पूछती है, "आप कहां जा रही हो?"

"मैं हरिद्वार जा रही हूं।" मैंने धीरे से कहा।

"अकेले ही?" उसने प्रश्न किया।

"आप भी तो अकेले ही ....?" मैनें भी डरते-डरते पूछा।

"मेरा तो अकेले ही जाना जरूरी था ...।" वह लम्बी सांस लेती हुई बोली।

"क्यों...?" मैं रोशन के बारे में जानना चाहती थी। मैं पचास साल की बुढ़िया इस समय रोशन कैसे दिखते होंगे। मुझसे तो पन्द्रह बीस बरस बड़े ही थे। मैं मन ही मन उसकी सूचना पाने को उतावली हो जाती हूँ।

उसने बात टालनी चाही। वह फिर पूछती है, "आप अकेले क्यों जा रही हो?" मैं हंस कर जवाब देती हूँ, "यूं ही, सारे जीवन में एकांत सुख नहीं भोगा, बस उसी सुख की तलाश में, सोचा कुछ दिन आखिरी समय हरिद्वार में अकेले बिताऊं तो मन को शांति मिले।"

मैंने अपनी बात कह मन हल्का किया। वह लंबी सांस लेती है, मुझे लगा उसका मन बहुत दुखी है वरना हर बात पर ऐसे आह भरकर बात करना तो किसी भी हाल में संभव नहीं है। मैं उसके चेहरे की ओर देखने लगती हूँ, वह कहती है, "मरने के बाद कोई हमारे फूल हरिद्वार ले जाए उससे तो अच्छा है खुद ही हो आया जाए।" वह अब मेरे चेहरे पर नजर गड़ा देती है। मुझसे रहा नहीं जाता, मैं पूछ ही बैठती हूँ, "रोशन जी कैसे है?" वह चुप रहती है। उसका चेहरा देखकर मुझे लगा कि इस प्रश्न के पूछे जाने की उम्मीद बहुत पहले से थी। वह बाहर देखने लगती है। कुछ पल चुप्पी के बाद मैं पुनः पूछती हूँ, "बताइए न, मैंने कुछ पूछा है।" वह कहती है, "मेरे साथ ही हैं।"

"कहां...?" मारे खुशी के मेरी आवाज में शोखी आ जाती है। वह चुपचाप मेरा चेहरा ऐसी देखती है मानों कुछ पढ़ रही हो। मैं अपनी उत्सुकता को रोक नहीं पाती, "इसी गाड़ी से जा रहे हैं वो भी?" वह हां की मुद्रा में गर्दन हिलाती है। मैं मन ही मन खुश हो जाती हूँ, चलो आज कितने वर्ष बाद उन्हें देखूँगी, कैसे दिखते होंगे? हरिद्वार आने में आधा घंटा रह गया है। मैं जल्दी-जल्दी सामान समेट कर बैठ जाती हूँ। गाड़ी से उतरते ही रोशन यहां आएगें .... सुखद अनुभव। वह चुप है। मैं उससे और बातें करना चाहती थी... रोशन के बारे में ...... इतने वर्ष में क्या वह मुझे याद करते थे। कुछ भी पूछ नहीं पाती। गाड़ी के रुकने की प्रतीक्षा कर रही हूँ। चुप्पी तोड़ने का साहस अब संभव नहीं।

गाड़ी रुकती है, वह एक टोकरी और छोटा-सा सूटकेस उठाए धीरे-धीरे उतर जाती है, पीछे-पीछे मैं भी। गाड़ी से उतर कर वह कहती है, "रोशन से मिलने की इच्छा है?"

मैं सकपका जाती हूँ। वह कहती है, "तुम्हें कुछ विशेष काम न हो तो मेरे साथ चलो। "मैं हामी भर देती हूँ। हम दोनों हर की पौड़ी पर हैं। वहाँ वह कोई पण्डित तलाशती है और मेरा रुदन फूट पड़ता है उसके कथन से, "अपने पति के फूल प्रवाहने हैं मुझे..." मैं रोते जा रही हूँ, वह मुझे चुप नहीं कराती। उसकी आंखें भी नम हैं। बहुत रो लेने के बाद मैं अपने आप चुप हो जाती हूँ। वह निपटा कर मेरे पास आ बैठती है। इस बार में खुद को रोक नहीं पाती और उसके गले लग कर रोने लगती हूँ। वह धीरे-धीरे अपना हाथ मेरे सफेद बालों पर फेरते हुए कहती है, "भगवान को जो मंजूर था सो हो गया, अब रोशन नहीं रहे।"

वह मेरे साथ-साथ चल रही है। "अब यह भी संयोग ही है कि तुम भी मुझे इसी डिब्बे में मिल गई। अच्छा ही हुआ।" वह चुप हो जाती है।

हर की पौड़ी के दूसरी ओर पीछे पहुंचे तो वहाँ सिर मुण्डी कई महिलाओं को देखा... जिन्दा लाशें... उनसे बातचीत की तो पाया उन्हें यहां रहकर भी एक पल की शांति नहीं। हालांकि अपने परिवार से ये दूर हैं, कोई जिम्मेदारी नहीं लेकिन फिर भी कई बातें थी जो उन्हें एक पल भी शांत नहीं रहने देती। वहाँ भी ग्रुप थे, उन्हीं का समाज था, निन्दा थी, बुराई थी... राजनीति भी, जहाँ लोग होंगे वहां आवाजें तो होंगी ही।

शाम को 'स्वर्ग आश्रम' में पहुंच गई थी। वहां टहलते हुए मैं उससे कहती हूँ, "दीदी... तुम्हें कभी मुझ पर गुस्सा नहीं आया?" वह अजीब सी मुस्कुराहट से कहती है, "जब डिब्बे में तुम्हें देखा था तो एक पल क्रोध आया था... फिर सारी रात सोचती रही कि अगर तुम उनके साथ शादी कर लेती तो मेरा क्या होता। मुझे लगा कि सिर्फ तुम्हारे ही कारण मैं रोशन का साथ पा सकी।" थोड़ा रुककर वह फिर कह उठी "वह अक्सर तुम्हें याद करते और कहते "कहती है अपने पति को ज्यादा प्यार करती हूँ... बच्चों को ज्यादा प्यार करती हूँ... धोखेबाज। वह तुम्हें बहुत गालियां देते और याद करते। कोई भी रात ऐसी नहीं थी जब रोशन ने तुम्हें याद न किया हो... भले ही गाली देकर।" वह फिर कहीं खो जाती है।

मैंने पूछा, "दीदी, तुम्हारे और लोग... मेरा मतलब तुम्हारी बेटियां, वह सब कहां है?"

"दोनों बेटियों की शादी तो रोशन ने अमेरिका में रहने वाले अपने दोस्त

बजाज के दोनों बेटों के साथ कर दी। वे दोनों वहां खुश हैं, कभी-कभार चिट्ठी आ जाती है। तुम तो जानती हो, रोशन एक ही बेटे थे अपने मां-बाप के। बड़े लाडले थे, जो भी कहते उन्हें मिल जाता। सिर्फ एक ही चीज उन्हें नहीं मिली।" वह मेरे चेहरे पर नजर गड़ाकर सिसकने लगती है।

मैं उदास हो जाती हूं। मैं उसे कैसे बताऊं कि बंधन में मुक्ति की कसक और स्त्री के सफर का लक्ष्य बहुत अर्थपूर्ण है। मुक्ति के मायने निर्वस्त्र हो जाना तो नहीं। पर मैं उसे कुछ नहीं कहती, आज ये सब कोई मायने नहीं रखता। मन की व्याकुलता बरकरार रही।

सोचा था 'स्वर्ग आश्रम' में एकांतवास करुंगी पर अब तो एक पल भी आराम नहीं। सोचती हूँ, कल ही लौट जाऊँ, अपने घर। जीते जी शांति और एकांतवास के सुखद अनुभव की कल्पना भी व्यर्थ है। दीदी को बुलाती हूँ, "मैं लौट जाऊँ ...।" वह मुझे देखकर कहती है, "मैं तो तेरे लिए ही यहाँ रुकी हूँ वरना मुझे क्या करना है यहाँ। मेरे लिए तो सब जगह एकांतवास ही है।"

मैं और दीदी दोनों उसी गाड़ी से चार दिन बाद ही लौट रहे हैं। दीदी मुझे कहती है, मेरे घर चलो, इकट्ठे रहेंगे। मैं उसे कह रही हूँ, मेरे घर चलो। हम दोनों ने गाड़ी छोड़ने से पहले यह तय कर लिया कि कुछ दिन दीदी मेरे साथ रहेंगी और कुछ दिन मैं उनके घर। दीदी की एक बात मैं टाल न सकी। एक रात के लिए वह मुझे पहले अपने घर ले गई, बहुत बड़ा घर... एकांत से भरा, जहां हर जगह रोशन की हल्की-हल्की महक भी थी और उदासी भी। मैं हैरान हो पूछ बैठती हूं... "आप अकेली, घर में और कोई और नहीं," वह भर्राई आवाज में कहती है, "रोशन को टी.बी. हो गयी थी.... वह इलाज से दूर भागते रहे। जो थोड़े-बहुत अपने थे, वह भी साथ छोड़ गए... जब कभी सहारों की आवश्यकता महसूस होती है, ऐसे समय कोई सहारा क्यों नहीं मिलता?" वह मुझसे प्रश्न करती है।

"मैं जो हूँ आपके पास," मैं उसे व्यर्थ का दिलासा देती हूँ।

"रिश्तेदार तो संस्कार के बाद ही चले गए थे। मैंने किसी को रोका भी नही।" वह मुझे बताती है।

"किसी को तो रोक लेतीं... कुछ दिन के लिए।" मैं सुझाव देती हूं। वह एक दीर्घ आह भरते हुए कहती है, मुझे भी टी.बी. है... सब जानते भी हैं।

ऐसे में कौन रहेगा यहां, जो रहता वह अलग खाना बनाता... मुझसे दूर-दूर भागता... अपने घर से बिस्तर लेकर आता मानों बीमार लोगों का मन ही नहीं होता फिर अपने ही घर में मैं अजनबी क्यों बनी रहती।" वह कुछ पल चुप होकर शेष बात पूरी करती है।

मैं सोचती हूँ अकेले रहते हुए भी एकांत नहीं मिलता, मन की उथल-पुथल बनी रहती है। सोचती थी रोशन के घर ही एकांतवास की इच्छा पूरी कर लूंगी, पर आप देखिए, कहीं भी शांति नहीं। एक बात मन में तय कर रोशन के घर से वापिस अपने घर लौट रही हूं कि मैं रोशन की पत्नी से किया गया वायदा पूरा करूंगी। हालांकि उसने मुझे अपने घर आने से मना कर दिया है... रोग जो हुआ उसे।

मैंने तो उसको बहुत कहा मेरे घर आ जाये कुछ दिन के लिए, मैंने तो उसे कहा मेरे घर चलो कुछ दिन पर वह राजी नहीं हुई। मैंने ही तय कर लिया है कि मैं ही कभी-कभार उन्हें जरूर मिलने जाया करूंगी।

लेकिन हाँ, एकांतवास की इच्छा का भी त्याग कर दिया है... आज ही इसी समय... जब तक जीना है संघर्ष... दुःख और परेशानियां हैं, ऐसे में फिर से एकांतवास की तलाश, न बाबा न।

■■■

# 9. शोलीदा

"साहब कोई मेम साहब आपको मिलने आई है।" विषाद ग्रस्त राघव को उसके सहायक बहादुर ने सूचित किया।

"क्यों आई है... कोई चंदा लेने आई होगी..., तुम दे दो।" राघव ने करवट बदलते हुए रुक-रुक कर बहादुर को जवाब दिया।

"जी वह कुछ लेने नहीं कुछ देने आई है।" बहादुर ने राघव के पास आते हुए कहा।

राघव के चेहरे पर उसकी निगाह अटक गई, वह सोचने लगा "क्या जीवन है इसका, सब कुछ है इसके पास, परंतु जाने कौन सी बीमारी ने इसका जीवन इस कमरे में बंद कर दिया है। पिछले 5 वर्षों से वह राघव के घर, उसके पास काम कर रहा है, परंतु उसे राघव साहब की बीमारी का पता नहीं लगा। समय पर खा लेते हैं, सब समझते हैं, बुरे-भले, दुःख-सुख में शामिल होते हैं पर कोई ऐसी कील है जो इनके भीतर फांस की तरह चुभ रही है, तभी यह बेचैन होते हैं। मुझे तो लगता है राघव साहब को परेशान रहने की बीमारी है।" बहादुर ने मन ही मन सोचा। तभी राघव ने आंखें खोली और कहा "अच्छा कुछ नाम पता पूछा है उनका, कौन हैं, कहां से आई हैं।"

"कह रही थी जब आप पहाड़गंज के मकान में रहते थे, वहीं की है। आपके पुराने पड़ोसी की बेटी है।"

बहादुर ने जवाब दिया।

"अरे, तुमने पहले क्यों नहीं बताया", कहकर राघव उछलकर बिस्तर पर बैठ गए और बहादुर को उन्हें लाने के लिए कहा।

बहादुर कमरे से चला गया। दो पल में मानो राघव संजीवनी बूटी सूंघ गए थे। चिकन का मैरून लंबा कुर्ता और कड़क सफेद पायजामा पहनकर उन्होंने अपना चेहरा दर्पण में देखा। पैरों में लेदर की काली बढ़िया चप्पल

पहनी और झटपट बाहर की ओर लपके। बड़े कमरे के आरामदायक सोफे पर कोई महिला आसमानी रंग की साड़ी पहने बैठी थी। राघव एक पल को रुका, उसने आने वाली महिला को पीछे से पहचानने की कोशिश की। राघव का ध्यान आगंतुक के कानों में सफेद मोतियों के गोल टॉप्स, गले में भी सफेद मोतियों की माला थी। ब्लाउज का गला पीछे से काफी गहरा था।

राघव से अब रुका नहीं गया तो वह नमस्कार करते हुए आगे बढ़ा। आवाज सुनकर आई महिला भी उठ खड़ी हुई। राघव सामने वाले सोफे पर बैठ गया और बहादुर से शीतल पेय लाने को कहा। बहादुर आज्ञा का पालन करने के लिए रसोई घर की ओर चला गया। राघव महिला का चेहरा देखता रहा।

बालों को सुंदरता से गुंथा हुआ था। माथे पर लाल बड़ी सी बिंदिया चमक रही थी और होठों पर हल्के गुलाबी रंग की लिपस्टिक थी। महिला के हाथ में सफेद पर्स और उसके कान के और गले की सफेद मोतियों की माला के साथ मेल खा रहा था। राघव ने बात शुरू की "माफ कीजिए मैंने आपको पहचाना नहीं।"

महिला मुस्कुराती रही। राघव ने फिर कहा "आप अपना परिचय तो दीजिए।"

महिला की मुस्कुराहट राघव के चेहरे को देख और गहरी हो गई। राघव दो पल को चुप हुआ फिर अपनी अधीरता को छिपाने का प्रयत्न करते हुए बोला, "बहादुर कह रहा था आप कुछ लौटाने आई हैं।"

महिला इस बार भी चुप रही। अब मुस्कुराहट में दबी हंसी का स्वर भी था। अपने सामने एक अपरिचित खूबसूरत महिला को देख राघव तत्काल परिचय जानना चाहता था। वह अपनी तरफ से कुछ भी अनुमान लगाकर कोई मुसीबत मोल नहीं लेना चाहता था। पता नहीं यह कौन है। मैं बेकार बोलता जा रहा हूं। अब जब तक यह नहीं बताएगी मैं भी चुप रहूंगा।

कमरे में कुछ क्षण चुप्पी रही, राघव ने एक दो बार महिला के चेहरे की ओर देखा, उसकी आंखों की शरारत और होठों की हंसी उसे बेचैन किए जा रही थी। तब ही बहादुर ताजे जूस के दो गिलास ट्रे में रखकर ले आया। उसने पहली बार राघव को इतना प्रसन्न देखा था। बहादुर ने एक गिलास उस महिला की ओर बढ़ाया तो वह बोली, "पहले साहब को दे दो" वह

राघव की ओर मुड़ा तो उसने ट्रे पकड़कर उसे महिला की ओर बढ़ा दी।

राघव परेशान था और वह महिला अब भी होंठ दबाए मुस्कुरा रही थी। अब उस महिला ने ट्रे पकड़ ली और राघव की और ग्लास बढ़ाते हुए कहा "आप लीजिए," आखिर हारकर राघव को ही गिलास पहले उठाना पड़ा।

दोनों ने जूस का गिलास लिया, राघव ने झटपट से गिलास खत्म करके मेज पर रख दिया। महिला चुपचाप चुस्कियां लेकर जूस पीती रही। राघव ने कहा "देखिए आप काम बताइए, मेरी तबीयत वैसे ही ठीक नहीं है। मैं और प्रतीक्षा नहीं कर सकता।" कहकर वह उठने को हुआ।

"धीरज रखिए।" रघु जी इतना गुस्सा ठीक नहीं, थोड़ी सी कोशिश करिए तो आप मुझे पहचान जाएंगे। ऐसा करते हैं हम बातचीत शुरू करते हैं। परिचय अपने आप हो जाएगा, महिला की मिठास भरी आवाज ने राघव को प्रभावित किया। परंतु रघु के संबोधन से वह तिलमिला उठा, "बहादुर कह रहा था आप कुछ देने आई हैं मुझे, जल्दी कहिए मेरे पास समय नहीं है।" राघव अब परेशान लग रहा था। "आपकी बहुत प्यारी चीजें, जो कभी खो गई हों, याद करिए।" महिला ने बातचीत शुरू की।

"बहुत कुछ खोया है मैंने, अपने बड़े बिगड़ैल बेटे के गम में घुल घुल कर मरते हुए खोया है मैंने, अपने मां-बाप को। पति द्वारा ठगे जाने पर अपनी परित्यक्ता बहन की बड़ी बेटी द्वारा अपने पिता से तंग होकर आत्महत्या और फिर उनकी खुशियों को खोया है मैंने। मेरा परिवार मुझे अकेला छोड़कर विदेश में बस गया है, उन सबको मैं खो चुका हूं। आप क्या लौटाने आई हैं मुझे।" राघव के ऊंचे स्वर में इस तरह गंभीर बातचीत नहीं चाहती थी महिला।

अब उस महिला की मुस्कुराहट भाग चुकी थी। आंखें हल्की नम हो आई थीं।

"अपनी शादी से पहले, आपका बचपन, उसकी कोई बात याद नहीं आपको।" महिला की बात सुनकर राघव के जैसे होश उड़ गए। वह अचानक होश में आया। उसे लगा उसने कोई गलती कर दी है।

उसे अपने दुखों को इतनी जल्दी भावुकता में नहीं व्यक्त करना चाहिए था।

"बचपन की बातें... बहुत कुछ याद है... मीठी, सुनहरी इंद्रधनुषी यादों का खजाना है मेरे पास।" राघव ने अतीत में लौटते हुए कहा।

महिला ने देखा अब राघव के चेहरे पर संतुष्टि है। कुछ देर पहले की असंतुष्टि की छाया अब अचानक गायब हो चुकी थी। मीठी और सुनहरी यादों ने राघव को कुछ पल के लिए प्रसन्न कर दिया था।

"मैं आपको आपकी कई वर्ष पुरानी कुछ चीजें लौटाने आई हूं। आप जरा बहादुर को कहिए बाहर गाड़ी में से वह पार्सल ले आए।" महिला ने कहा तो राघव उठ खड़ा हुआ, "चलिए मैं चलता हूं बाहर, अपना खोया तलाशने और उसे वापस पाने के लिए हमें बहादुर पर निर्भर नहीं रहना चाहिए।"

राघव और महिला बाहर आ गए। बाहर आसमानी रंग की लंबी कार में ड्राइवर बैठा हुआ था।

मेम साहब को देखते ही उसने बाहर आकर एक पैकेट मालकिन की ओर बढ़ा दिया। राघव ने पैकेट पकड़ना चाहा तो महिला ने आंखें तरेर कर मुस्कुराते हुए कहा, "पहले आप अंदर चलिए।"

राघव अंदर आकर सोफे पर बैठ गया। उसे लगा यह महिला बेवजह उसे परेशान कर रही है, पता नहीं अब तक अपना नाम भी नहीं बताया, कहां से आई है यह भी नहीं बताया। राघव के मन के विचारों को शायद वह महिला भांप गई थी। कमरे में प्रवेश करते ही वह बोली। "माफ कीजिए राघव जी, आपको मैंने अपना नाम भी नहीं बताया, मेरा नाम गीता है।"

राघव ने मन ही मन सोचा, "गीता हो या सीता, मुझे क्या फर्क पड़ता है।"

राघव की निगाह उस पार्सल पर थी। उसने गीता की ओर देखते हुए कहा, "गीताजी बहुत हो गया, अब तो मेरी बेचैनी दूर कर दीजिए।"

"आप अब तक वैसे ही हैं, बचपन में भी आप ऐसे ही परेशान और बेचैन थे, शोलीदा कहीं के।" महिला ने मुस्कान बनाए रखी।

"देखिए आप साफ-साफ कहिए, आप मुझे कैसे जानती हैं और उस पैकेट में क्या है? राघव ने उस पैकेट की ओर हाथ बढ़ाया तो गीता ने पैकेट को अपनी ओर खींच लिया। राघव का मन हुआ इस महिला को बाहर भगा दे, परंतु उसके चेहरे की भाव भंगिमा ऐसी थी कि राघव अब तक उसके आकर्षण में बंध गया था और अब चुभन और बेचैनी और ज्यादा हो गई।

"आपने मुझे शोलीदा क्यों कहा और इसका मतलब क्या हुआ, जरा

बताएंगी?" राघव ने अपनी आवाज में थोड़ा क्रोध लाने का प्रयास किया।

"आप नहीं जानते, शोलीदा, शोलीदा अर्थात परेशान, बेचैन और..." गीता आगे कहते-कहते चुप हो गई।

"आपको याद है, बचपन में भी आप ऐसे ही गुस्सैल होकर बेचैन हो जाते थे और आपने मेरे पिता जी को भी उसी बेचैनी में कितना बुरा भला कहा था।"

गीता के चेहरे पर मुस्कान लापता हो चुकी थी, गंभीर हो गई वह और राघव के पास वाले सोफे पर जाकर बैठ गई। गीता राघव का चेहरा देखने लगी और उसने कहना शुरू किया, "मैं सोचती थी कि आप मुझे पहचान जाएंगे परंतु मुझे दुःख हुआ कि आपने मुझे तो क्या मेरे परिवार को भी नहीं पहचाना।

मैं गीता तो बाद में बनी, मेरे बचपन का नाम गिन्नी था और हम आपके सामने वाले घर में......।

राघव ने गिन्नी का नाम सुनते ही उसका हाथ पकड़ लिया और कहा "तुम बनिया अंकल की छोटी बेटी हो।

जब तुम लोगों ने वहां से घर छोड़ा तब तुम दस या बारह साल की रही होगी। .... परंतु तुम्हें मेरा पता कैसे मिला और तुम्हारे पिताजी कैसे हैं? अभी भी वैसे ही गुस्सैल हैं क्या, या थोड़ा ठीक हुए हैं। मुझे याद है मैंने उनके कितने उपनाम रखे थे और...." राघव ने बेचैनी से गीता के चेहरे पर नजरें जमा दी।

गीता उदास हो गई, "पिताजी तो अब नहीं रहे। भाई फौज में चला गया है। बड़ी दीदी की शादी हो गई है। मां ने तुम्हारी कुछ चीजें संभाल कर रखी हुई थीं। तुम तो भूल चुके होंगे शायद। गीता ने पैकेट राघव की ओर बढ़ा दिया। राघव ने कुछ ही पलों में पैकेट खोल लिया.... उसमें सफेद, गुलाबी, नीली गेंदे थी। राघव की आंखों में खुशी के आंसू आ गए। "ओह! गिन्नी, मैं सारी उम्र तुम्हारा एहसानमंद रहूंगा।

तुम नहीं जानती इनके लिए मैंने अपने जीवन के कितने वर्ष बेचैनी में बिताए हैं।" राघव ने सारी गेंदों को सोफे पर बिखेर दिया और उन्हें प्यार से सहलाने लगा। खुशी के मारे उसके होंठ फड़फड़ा रहे थे और हाथ कांप रहे थे।

गीता ने राघव की ओर देखा पानी की लकीर उसकी आंखों में चमक रही थी। गीता ने राघव को कहा, "क्या तुम मुझे चाय नहीं पिलाओगे कितनी दूर से मैं तुम्हारी बेचैनी की दवा लौटाने आई हूं।"

"हां हां, क्यों नहीं।" कह कर राघव ने बहादुर को आवाज दी और चाय लाने को कहा।

गिन्नी मुझे आज बहुत दुःख हुआ तुम्हारे पिताजी का सुनकर परंतु मैं एक बात कहना चाहता हूं,

"तुम्हारे पापा को मैंने कभी माफ नहीं किया इतने वर्ष। राघव ने कहा तो गीता उदास हो गई, मैं जानती हूं राघव, तुम पापा से नाराज थे क्योंकि तुम जब भी दोस्तों के साथ क्रिकेट खेलते तुम्हारी गेंद हमारे घर आ जाती थी और पापा सोचते तुम लोग जानबूझकर दीदी के लिए गेंद हमारे घर फैंकते हो। इसलिए वह हमेशा तुम्हारी आई गेंद छिपा लेते और कह देते कि यहां नहीं है।" तुम नई गेंद ले आते और फिर कभी ना कभी जब वह गेंद हमारे घर आ जाती और पापा वह तुम्हें लौटाते नहीं थे। सारी गेंद छिपाई हुई जगह से मां ने उठा ली थी कि एक दिन तुम्हें लौटा देगी, पर इस बीच पापा ने वह मकान बेच दिया। उन दिनों तुम लोग पंजाब गए हुए थे। मां तुम्हारी अमानत अपने साथ ले आई गीता ने धीरे-धीरे अपनी बात को विराम दिया।

"सच मानो गीता, जीवन में मुझे अपनी किसी भी मूल्यवान वस्तु के खो जाने का इतना दुःख नहीं हुआ जितना बचपन की इन गेंदों के वापस ना मिलने का हुआ था। कारोबार में कितने घाटे, जीवन में कितनी चीजें खोई फिर भी...। जब हम पंजाब से शादी के बाद लौटे तो पता चला कि तुम लोग अपना घर ही बेच गए हो तो मेरा जीवन कांटों की सेज पर रहा। रह रह कर मुझे तुम्हारे पापा पर गुस्सा आता, आस-पड़ोस में किसी को तुम अपना पता बता कर नहीं गए। बस अब तक मेरा जीवन इसी चुभन के कारण कभी सकून नहीं पा सका था।" राघव ने अपने दिल की बात कम शब्दों में गीता को कह दी।

"सिर्फ इन गेंदों के कारण तुम परेशान रहे, हद है और हां... तुमने बताया तक नहीं कि तुम्हारे मां-पिता सब लोग कहां हैं?" गीता ने पूछा।

बहादुर ने चाय टेबल पर रख दी और साथ ही सैंडविच और बर्फी की प्लेट भी। गीता ने बिना किसी आमंत्रण के स्वयं ही सैंडविच उठाया और खाने लगी।

राघव ने कहा, "भई हमें भी तो पूछो" तो गीता की पुरानी मुस्कुराहट लौट आई।

"खाओ, खाओ अपना ही घर समझो" राघव ने हंसने में गीता का साथ दिया। दोनों चाय पीने लगे।

राघव ने गीता को बताया, "भाई की शादी हो गई तो वह मां बाबूजी को साथ लेकर यहां से दूसरे घर चला गया। मेरी शादी के बाद हम यहां रहने लगे। मेरी धर्मपत्नी का स्वभाव ज्यादा ही तीखा था। मुझसे एक गलती यह हो गई कि मैंने अपने पहले प्रेम की बात उसे बता दी थी। बस उसके बाद तो उसका रुप ही बदल गया। इसलिए हमारे दो बच्चे भी उसके तीखेपन को खत्म न कर सके। उसके स्वभाव के कारण हमारे परिवार में किसी के साथ भी उसकी नहीं बनी। मेरी शादी के 3 वर्ष बाद मां बाबूजी बड़े भाई के साथ हमेशा-हमेशा के लिए रहने चले गए थे। मां पिता के साथ रहते हुए तो वह उसके कुछ खौफ खाती भी थी, बाद में तो वह बिल्कुल निरंकुश हो गई। क्या-क्या बताऊं, सीधी सच्ची बात तो यह है कि मैं उसे बांध ही नहीं सका। शायद मेरे बांधने की कला तो तुम्हारे परिवार के जाते ही ढीली पड़ गई थी। एक दिन वह बच्चों को लेकर ना जाने कहां चली गई। आज तक उसका पता नहीं, मर गई, भाग गई, डूब गई.... और साथ ही मेरा वर्तमान और भविष्य भी डूबा गई, समाज में कुछ ना रहा मेरा। सब कुछ खो गया था। आज तक मुझे उसका कोई पता नहीं लगा। मैंने अपना पुराना घर भी बेच दिया। जो भी मेरा था वह सब खो चुका था। मैंने अपना पुराना घर बेचकर फिर से कारोबार किया तो वह चल निकला। रुपए पैसे की कमी तो नहीं रही लेकिन बचपन की गुम हुई गेंदे, गिन्नी और फिर बच्चे मेरे भीतर इन तीनों ने मुझे तुम्हारी भाषा में शौलीदा बना दिया। आज मैं बहुत खुश हूं मेरा अंतर्मन दो कीलों से आज मुक्त हो गया। जब मेरी पत्नी घर छोड़कर गई तब मेरा बेटा दो वर्ष का था और बेटी उस समय छः महीने की थी। अब तो पता नहीं कहां होंगे सब।

बहुत तलाशा की उन लोगों को... फिर मैं बीमार रहने लगा। डॉ. कहते हैं, डिप्रेशन है। मैं जानता था रोग का निदान...।"

राघव ने देखा गीता बहुत ध्यान पूर्वक राघव की बातों को सुन रही है।

"गिन्नी तुम कहो एक-एक बात कहो, तुम्हारी इस बीच की जिंदगी कैसी रही?"

"राघव, मैंने तो शादी ही नहीं की। यूपीएससी की परीक्षा देकर सीधे डायरेक्टर बन गई थी। बहुत रिश्ते आए परंतु मैं हां नहीं कह सकी।" गीता ने गर्दन झुका ली। "तुमने शादी क्यों नहीं की, लड़कियों को अपना घर बसा लेना चाहिए?" राघव ने कहा।

"घर तो है मेरे पास, सब कुछ है अपना, बस शादी नहीं की। मेरे प्रेम की नदी तो बचपन में ही मानो सूख गई थी। गीता ने गंभीर होकर कहा तो राघव की आवाज में शोखी आ गई" अरे वाह, गिन्नी तुम भी .....किससे ...क्या मैं उसे जान सकता हूं.. बताओ ना कौन है...?" राघव मानो अधीर हो गया, "मैं तो तुम्हारी दीदी से..." वह अचानक चुप हो गया।

"कौन है, कौन था, पर तुम उसे जानते हो।" गीता ने उदास होकर कहा।

"शायद उसे राघव का अपनी दीदी के लिए कहना अच्छा नहीं लगा था।"

"तुम्हारी दीदी मुझे अच्छी लगती थी, अगर तुम लोग कुछ वर्ष और वहीं रहते तो मैं उससे प्रेम निवेदन कर देता...।" राघव हंसने लगा।

"जानती हो, यही बचपन की बात मैंने अपनी पत्नी को बता दी थी तुम्हारी दीदी वाली, बस उसे बर्दाश्त नहीं हुआ और जैसे एक बूंद जहर सारी मिठास नष्ट कर देती है और उसे खाने वाला भी नष्ट हो जाता है।

उसी तरह अश्रद्धा या घृणा भी अन्य व्यक्ति के प्रति जहर का काम करती हैं। वह मुझे प्रताड़ित करने लगी और बाद में बस धीरे-धीरे सब खत्म होता गया।" राघव ने आंखें मूंद ली। गीता समझ गई आंखों में आए पानी को छिपाने के दो ही रास्ते हैं या तो फौरन कुछ पल आंखें मूंद ली जाएं या फिर खुली आंखों में से आए पानी को तर्जनी के पोर से चिपका दिया जाए।

"क्या तुम कभी शादी नहीं करोगी?" राघव ने पूछा।

"क्या तुम करोगे मुझसे शादी?, गीता की पुरानी मुस्कुराहट और गहरी हो गई थी।

"क्या, क्या कहा तुमने, तुम मुझसे मजाक कर रही हो?" राघव की आंखों में चमक आ गई थी।

"मैं गंभीर हूं, शायद तुम औरतों के अंतर्मन को नहीं जानते, वह पुरुषों की तरह नहीं सोचती।" गीता भावुक हो गई।

"मैं समझा नहीं।" राघव ने गीता को कुरेदना चाहा।

"जब तुम बचपन में दीदी के लिए सब काम करते थे और मुझे छोटी समझ कर डांट देते थे तो मुझे बहुत बुरा लगता था। मैं भगवान के साथ लड़ती थी कि मैं बड़ी बहन क्यों नहीं बनी, जैसे राम और लक्ष्मण के संवाद में एक बार लक्ष्मण ने कहा था इस जन्म में तो मैं छोटा भाई हूं ना इसलिए... और कहते हैं पुनर्जन्म के बाद जब राम जी कृष्ण के रूप में अवतरित हुए तब बलराम जो कि पहले लक्ष्मण थे, बड़े भाई के रूप में उन्हें मिले थे। फिर भी कृष्ण छोटे होकर भी बलराम से अड़ जाते थे और मैं छोटी होकर अड़ नहीं सकी। शादी के बाद वह अपने पति के साथ परिवार के साथ संतुष्ट है फिर भी तुम अपनी स्मृति में उसे अभी तक बसाए हुए हो।" गीता बात करते-करते अब रुक गई।

राघव समझ गया गीता को चोट लगी है। उसने उसे समझाना चाहा "तुमने कहा, तुम भगवान के साथ लड़ती हो। जानती हो भगवान की परिभाषा" भगवान एक रस है, परम आनंद की अनुभूति का रस, जिसे जीभ से चखा नहीं जा सकता। इस आनंद को आत्मा से महसूस किया जा सकता है और आज मैं तुम्हें उस आत्मा की अनुभूति से एक बात बता देना चाहता हूं, मैं तुम्हें ही याद करता था, तुम ही मेरा पहला प्रेम थी, तुम्हारी दीदी से प्रेम की बात तुम्हें जानने के लिए ही की थी मैंने... और सोचो यदि तुम्हें मेरे प्रेम का पता नहीं होता या मेरे प्यार पर भरोसा नहीं होता तो क्या इतने वर्षों के बाद तुम मुझे ढूंढते हुए मेरे घर आती और मुझसे विवाह के लिए प्रश्न करती... सोचो सोचो जरा।" राघव ने अपनी निगाहें गीता के चेहरे पर टिका दीं। "शायद तुम सही कहते हो।" गीता ने जल्दी स्वीकार कर लिया।

"जानती हो गीता, अपने आप को प्रकट करना, अपनी आत्मा को प्रकट करना है। मैंने तुम्हें आज वास्तविकता बता दी है। एक बात और कह दूं अगर तुम मुझसे शादी करोगी तो विश्वास रखो मैंने कभी किसी और के साथ प्यार नहीं किया। जब मेरी पत्नी गई उसके जाने का मुझे जरा भी दुःख नहीं हुआ, हां बच्चों के लिए पहले काफी व्याकुल रहा। अब तुम्हारे मिलने के बाद आज के बाद मैं शोलीदा नहीं रहूंगा।" राघव ने हंसकर गीता की ओर देखा और अपनी बाई आंख दबा दी। बहादुर पर्दे के पीछे से सारी

बातों को छिपा हुआ देख रहा था। बहादुर ने भगवान से मन ही मन प्रार्थना की "राघव साहब और मेम साहब एक साथ रहें तो कितना अच्छा हो।"

गीता ने राघव की ओर देखकर पूछा, "इन गेंदों का क्या करोगे?"

"तुम चाहोगी, तो मेरे होने वाले बच्चे इनसे खेलेंगे।" राघव अब अचानक शरारत के मूड में आ गया था।

बहादुर सोचने लगा, दीन दुनिया से बेखबर, हमेशा दुखी रहने वाले राघव साहब को विषाद की अचानक एक अचूक दवा मिल गई है। भगवान करे यह दवा उनके पास हमेशा रहे। भगवान सबको सुख दे, खुशी दे।" बहादुर ने आंखें मूंदकर भगवान से प्रार्थना की। "अब मैं चलती हूं, मां से मिलना है।"

उन्हें तुम्हारे बारे में बताना है और.... गीता उठ कर खड़ी हो गई।

"तुम ऐसे कैसे जा सकती हो, थोड़ा रुको।" कहकर राघव अंदर कमरे में चला गया। बहादुर गीता के पास जाकर उन्हें स्नेह से देखने लगा।

राघव गीता के पास आया तो उसके हाथ में अब एक लंबी सोने की जंजीर थी जिसमें भगवान शिव की सुंदर प्रतिमा थी। उसने बिना रुके वह जंजीर गीता के गले में डाल दी और कहा मैंने तो तुमसे शादी कर ली अब तुम जानो।" गीता ने शिव की मूर्ति को माथे से लगाया फिर चूमा और कहा "मैं चलती हूं, जल्दी मां को लेकर आऊंगी।"

राघव से रहा न गया और वह भावुक हो गया, "मैं भी तुम्हारे साथ ही चल रहा हूं, अब मैं एक पल भी अकेला नहीं रहूंगा। निर्णय लेने में देरी और अभिव्यक्ति की कमी के कारण मैं पहले ही बहुत पछता चुका हूं।" यह कहकर राघव ने बहादुर को कहा, "घर का ध्यान रखना।"

राघव और गीता दोनों कार की पीछे की सीट पर बैठ गए। बैठते ही गीता ने ड्राइवर को कहा "वसंत कुंज चलो।" राघव ने अपने बाएं हाथ में गीता का दाया हाथ जकड़ लिया। गीता ने अपना सर राघव के कंधे पर टिका दिया। गाड़ी हवा से बातें करती खुशियों की और भाग रही थी।

■■■

# 10. बिब्बो

बिब्बो ने पाखाने का दरवाजा हल्के से थपथपाया और जोर से बोली "अरे कौन है भीतर, जरा पहले सफाई करने दो, अभी पूरी गली में काम करना बाकी है और सूरज भी सर पर आ गया है।" पाखाने का दरवाजा थपथपाहट से स्वयं खुल गया। बिब्बो को लगा कि अंदर कोई नहीं है। अपने झाड़ू लिए वह तेजी से उसमें घुस गई और पानी के नल पर झुक गई और नल खोलकर डिब्बा भरने लगी। तभी उसे लगा कि उसके मुंह में किसी ने कपड़ा ठूंस दिया है। वह घबराकर लड़खड़ा गई, चीखना चाहती थी पर मुंह बंद हो चुका था। घबराहट के मारे हाथों ने भी चलना बंद कर दिया था। शरीर ठंडा पड़ता सा मालूम हुआ। बिब्बो को लगा कि उसका शरीर उसके अपने ही कपड़ों में फंस गया है। सारा शरीर घुटने लगा। उसकी धोती उसके चेहरे को ढक चुकी थी। शायद बाबूजी उसका चेहरा नहीं देखना चाहते थे। चेहरा देख लेते तो शायद वे रुक भी जाते। उसने पूरी कोशिश की अपने चेहरे पर आई धोती के निचले हिस्से को वह उखाड़ फेंके, पुरुष के जोर के आगे उसकी एक न चली और उसने दो-तीन बार पेट के नीचे काफी नीचे सिहरन सी महसूस की। दो पल के बाद वह मुक्त कर दी गई। उसके कपड़े बुरी तरह से खराब हो गए थे। एक बदबू उसके शरीर के भीतर पहुंच चुकी थी और दूसरी उसकी सूती धोती और ब्लाउज को डांप चुकी थी। उसने देखा बाबूजी पायजामा संभालते नौ दो ग्यारह हो गए थे। एक पल का अवसर भी ना दिया बिब्बो को उन्होंने, वह जी भर के उसे गाली दे सके। उस दिन वह रोती कलपती सीधे घर चली गई। उस दिन वह कहीं और काम पर नहीं गई। घर जाकर भी बिब्बो ने बहुत सोचा और मन ही मन कुछ तय कर लिया। सारी जिंदगी मैला ढोने वाली बिब्बो को आज अजीब सी बदबू से अपना पूरा शरीर घिरा लग रहा था। उसके बाद

कई दिन तक भी वो किसी को दिखाई नहीं दी। दो महीने तक उसकी कोई खबर किसी को नहीं लगी। इतने दिन तक वह अनपढ़, बिना मां-बाप की, अभागी अपने भाग्य के जोड़-तोड़ करने में ही लगी थी। एक दिन बाबूजी सुबह-सुबह पेशाब के लिए उठे तो उन्होंने बिब्बो को अपने काम पर आया देखा। वह बहुत कमजोर लग रही थी। बाबूजी को काटो तो खून नहीं। कुछ देर में उसे काम करते देखते रहे। बिब्बो का ध्यान उनकी तरफ गया तो वह बोली "क्यों बाबूजी मुझे देख आपका पेशाब बंद हो गया है क्या?" बाबूजी ने बौखलाहट में इतना ही पूछा "तू इतने दिन कहां रही बिब्बो?"

बिब्बो बोली, "कहो तो यहीं रह जाऊं, रखोगे क्या, जोरु तो बना ही दिया, अब ब्याह कर ही लो बाबूजी।"

"ज्यादा बढ़-बढ़ कर मत बोल," फिर उसके चेहरे की ओर देख पूछा "तेरी तबीयत तो ठीक है?"

बिब्बो ने झाड़ू रख दी और अपनी साड़ी को अपनी कमर में खोसते हुए, पकड़ कर बोली "बाबू तेरा मैला मेरे भीतर ही पलेगा। मेरी सारी पुश्तें मैला उठाते मर गई, पर ऐसा मैला ईश्वर किसी को ढोना नहीं पड़े। बोल कहां ले जाकर फैंकू तेरे इस मैले को।" अपने पेट पर हाथ जमाते हुए बिब्बो ने कहा।

बिब्बों को लगा कि बाबूजी उसकी बात का जवाब नहीं देंगे। वह फिर काम में लग गई। बाबू जी अपने कमरे में चले गए और सोचने लगे ...बिब्बो में बहुत अंतर आ गया है, यह कितनी मुंहफट हो गई है। कमरे में उन्हें शांति नहीं मिली, वह अपने विचारों में खो गए... उस दिन क्या हो गया था जो सफाईदारनी के साथ मुंह काला कर बैठा। फिर अपनी अलमारी में से कुछ रुपए निकाले और बिब्बो के पास आकर बोले "ये रख ले, इसे गिरवा देना और तुझे किसी चीज की जरूरत हो तो मुझे कहना।" बिब्बो अब तक अपनी टोकरी और झाड़ू अपने सिर पर रख चुकी थी। बिब्बो ने रुपयों को अनदेखा कर दिया और बोली, "अच्छा बाबू एक बात बता, तू मेरे साथ बैठकर रोटी खाएगा?" बाबूजी ने उसे देखा परंतु वह कुछ समझ नहीं पा रहे थे, बस वह बिब्बो को देखते जा रहे थे।

"नहीं ना, अच्छा बता बाबू, जब तुम लोग मेरे काम से घिन करते हो और मुझे हाथ लगाना भी पाप समझते हो तो फिर मेरा मर्द बनने में तुझे झिझक क्यों नहीं आई?" बिब्बो बाबू जी के बिल्कुल सामने आकर खड़ी

हो गई। बाबूजी को उसके शरीर और उसकी टोकरी से बेहद बदबू आ रही थी। उन्होंने अपनी नाक बंद कर ली और बिब्बो के सामने रुपए रखकर तेजी से चले गए।

"अरे बाबू जरा सुन", बिब्बो ने पुकारा "यह रुपए लेता जा, तुझे तो बार-बार पेशाब आएगा, जोरू मना कर दे तो धंधे वाली के पास चला जाईयो ये रुपए लेकर और सुन तेरा मैला यहीं पलेगा, इसका क्या होगा यह तू देख कर रहियो।"

बाबूजी सोचने लगे... भगवान ने इतने बरसों बाद मेरी पत्नी को मां बनने का अवसर दिया था। यदि उसके लौटने के बाद बिब्बो ने उसे बता दिया तो मैं..., भय के मारे कांपने लगे। अपने को बार-बार कोस भी रहे थे, पर जो भी गलत हो जाता है उसके लिए केवल पश्चाताप ही किया जा सकता है। उनकी पत्नी मायके में है और किसी भी क्षण उनके लिए वहां से बुलावा आ सकता है। बाबूजी अशांत रहने लगे। रहते भी क्यों ना, कुकर्म और वह भी बलात्कार जैसा और वह भी ऐसी औरत के साथ ...उन्हें अपने आप से नफरत होने लगी। किसी व्यक्ति के लिए सबसे बड़ी सजा यही है कि उसकी गलतियों को माफ कर दिया जाए।

बिब्बो आखिरी दिन तक काम पर आती रही। बाबू जी पूछते तो कहती "तुझे क्या, मेरे पेट में है। मेरे ही साथ रहेगा, खराब भी हो गया तो तुझे क्या करना है। तू तो मुझे नर्क में डाल ही चुका है।"

बाबूजी चुप हो जाते। फिर कुछ दिन बिब्बो ने काम पर आना बंद कर दिया। वह पांच छह महीनों तक काम पर नहीं आई। इधर बाबू जी की पत्नी को लड़का पैदा हुए तीन महीने बीत चुके थे। बाबूजी के घर में यह पहली संतान थी। कई बरसों तक घर में किसी बच्चे का मुंह देखना उन्हें नसीब नहीं हुआ था। उनकी पत्नी ने कितनी ही मन्नतें मांगी, कहां-कहां नहीं गई, तब जाकर उसे यह संतान प्राप्त हुई है।

घर में खुशियां मनाई जा रही थीं। बच्चे के कारण घर में सारे रिश्तेदार मेहमान आते जाते रहते। लड़का बड़ा होने लगा और अठखेलियां करने लगा। एक दिन सुबह बाबूजी अपने बेटे को छत पर चहलकदमी करवा रहे थे। उन्होंने किसी के आने की आहट सुनी। सीढ़ियों का दरवाजा खुला तो सामने बिब्बो थी। उसके बगल में एक छोटी सी बच्ची थी। बिब्बो ने बच्ची को

गोद से उतारा और बाबूजी के बेटे की ओर इशारा करते हुए अपनी बच्ची से बोली "देख यह तेरा राजा भैया है, तू यहां बैठ मैं तब तक काम करके आती हूं, रोना मत और भैया को तंग मत करना।"

बाबू जी कभी बिब्बो को देखते तो कभी बच्ची को। बिब्बो जाने को हुई तो बाबूजी बोले, "अरे सुन तो... हां बाबू ऐसी सुंदर बच्ची तो हमारे पूरे खानदान में नहीं हुई, तेरा खून है ना, बड़ी होकर बड़ी जवान और सुंदर बनेगी, पर सोचती हूं बाबू इसका जवान होना खतरनाक है, कहीं तेरे जैसा कोई इसे भी बिगाड़ गया तो?" बिब्बो ने धीरे से कहा और बाहर चलने लगी। बाबूजी को झटका सा लगा, "अरे तू ऐसा क्यों सोचती है, इसकी परवरिश कर, कुछ जरूरत हो तो बता।"

"इसे अपने ही पास रख ले बाबूजी, कुछ पढ़-लिख जाएगी, नहीं तो मैला ही ढोएगी बाबू तेरी बेटी।" बिब्बो चली गई तो बच्ची जोर-जोर से रोने लगी।

बिब्बो यह कह कर चली गई और बच्ची को वहीं छोड़ दिया। मां को जाते देख बच्ची जोर-जोर से रोने लगी। बिब्बो ने पीछे मुड़कर भी नहीं देखा और तेजी से काम निपटाने चली गई। अब छत पर बाबूजी और दो बच्चे रह गए। तभी उनकी पत्नी दूध की बोतल में निप्पल लगाती हुई आई और बच्ची को देखकर बोली "यह कौन है।"

बाबूजी "बिब्बो की बेटी है, छोड़ गई है यहां, काम करके ले जाएगी।"

"तुम भी अजीब आदमी हो, अब हमारा बेटा बिब्बो की बच्ची के साथ खेलेगा क्या, तुम से मना करते नहीं बना। कर आने दो काम, उस मैं ही निपट लूंगी।" कहकर वह अपने बच्चे को दूध पिलाने लगी।

बच्ची ने अभी भी रोना बंद नहीं किया था, पर उस को हाथ लगा कर चुप कराने के लिए कोई तैयार नहीं था।

बाबूजी भी चले गए, बिब्बो काम निपटा कर बच्ची को लेने आ गई। उसने देखा बीवी जी ने उसकी बेटी को एक तरफ बिठाया हुआ है और खुद दाल में से कंकर निकाल रही है। आहट सुनकर उसका ध्यान बिब्बो की ओर गया, "अरे तेरी बेटी ने तो नाक में दम कर रखा है, चुप होने का नाम ही नहीं लेती, बड़ी मुश्किल से बहलाया है इसे। अब संभाल ले अपनी बच्ची को।" बिब्बो ने गोद में उठा लिया और उसका नाक साफ करते हुए

बोली "बीवी जी मैंने सोचा इसका थोड़ा संग-साथ हो जाएगा। भैया का मन भी लग जाएगा।"

बीबी जी ने दाल की थाली जमीन पर रख दी और बोली "मेरे लड़के को तेरी छोरी के साथ खेलने की, उसके साथ की कोई जरूरत नहीं है। उसे हाथों पर उठाने वाले, उसके साथ खेलने वाले बहुत हैं। देख तू अपनी छोरी को यहां मत लेकर आईयो आगे से। इसे घर ही छोड़कर आया कर। अगर घर पर छोड़ कर नहीं आया जाता तो कुछ दिन और छुट्टी कर ले।"

अपनी बच्ची को लेकर जाते-जाते बिब्बो का मन मैला हो गया। जाती बार वह इतना ही बोली "अब शायद आपसे मिलना ना हो। अगर ईश्वर ने चाहा तो एक बार जरूर आऊंगी मिलने।"

बीवी जी ने बुरा सा मुंह बनाया और अपने कमरे में चली गई।

कई बरस बीत गए बाबूजी का बेटा लंबा जवान हो निकला। इस दौरान उनकी पत्नी का देहांत हो गया। बाबूजी अक्सर परेशान से रहते। उन्हें रह-रहकर बिब्बो और उसकी बेटी याद आती। वह अपने किए पर पश्चाताप भी करते और कुछ भी ना कर पाने की व्यवस्था उन्हें भीतर ही भीतर खाए जा रही थी।

उन्हें लगता उनकी उम्र तो हो चली थी। वे अक्सर खामोश रहते, उनके दोस्त साथी छूटते जा रहे थे। अब चारपाई से हिलना भी उनके लिए दूभर हो गया था। बेटा अपने में मस्त रहता। उसे बाप की कोई चिंता नहीं थी। अक्सर वह रात को देर से घर लौटता। कहां जाता, क्या करता, किसी को कुछ पता नहीं। बाबू जी ने बहुत कोशिश की बेटे को किसी काम धंधे में लगा दें पर उसकी चंचल जवानी कहीं ठहरने का नाम नहीं ले रही थी।

पता नहीं कौन सी अनहोनी का दिन था। एक शाम बाप-बेटे घर पर ही थे। बाबूजी लेटे हुए थे। बेटे से कहकर दवाई मंगवा ली थी और दवा पीकर वह सोने ही लगे थे कि दरवाजे पर दस्तक सुनाई दी। "जा, जा कर देख कौन है।" बाबू जी ने कहा।

बेटे ने दरवाजा खोला तो देखा सामने एक लड़की खड़ी थी, "किससे मिलना है, क्या काम है?"

"बाबू शिवप्रसाद यहीं रहते हैं।"

"हां, क्या काम है?"

"उनसे मिलना है।"

"आ जाओ।"

लड़की उसके पीछे-पीछे चल दी। बाबूजी के सामने पहुंची तो बाबूजी ने पूछा, "कौन है, क्या काम है?"

"मुझे मां ने यहां भेजा है, मां बहुत बीमार है। कह रही थी आप कुछ मदद कर देंगे, मां की दवाई लानी है। मां बहुत बीमार है।"

"क्या नाम है तेरी मां का" बाबूजी ने पूछा।

लड़की ने जवाब दिया "बिब्बो।"

बाबूजी लड़की को देखते रहे फिर अपने बेटे को कहकर उसे कुछ रुपए दिलवा दिए और बोले, "जब तेरी मां ठीक हो जाए तो उसे लेकर यहां आना।"

"जी अच्छा" कहकर लड़की चलने को हुई।

पीछे-पीछे बाबूजी का लड़का भी था। बाहर मेन गेट तक पहुंचने के लिए गैलरी से होकर जाना पड़ता था। गैलरी में अंधेरा था। गैलरी के साथ लगे कमरे से रोशनी की एक लकीर गैलरी के आर-पार हो रही थी। लड़की वहां पहुंची तो उसका बदन रोशनी में खिल उठा। बाबूजी के बेटे ने उसे वहीं दबोच लिया। लड़की जोर से चिल्लाई। चीख सुनकर वह थोड़ा घबरा गया। उसने लड़की के मुंह को अपने हाथ से बंद कर दिया और कुकर्म करने की चेष्टा करता रहा। बाबूजी सुनकर आतंकित हो उठे। उन्हें अपने बेटे के चाल चलन का पता ही था। बीमार होने पर भी ना जाने उनमें कहां से शक्ति आ गई, वह बिस्तर से उठे और गैलरी की तरफ बढ़े। बीमार शरीर साथ नहीं दे रहा था पर उन्हें पता था कि जल्दी पहुंचना जरूरी है, वरना मैं मरने के बाद भी अपने आपको क्षमा नहीं कर पाऊंगा। किसी तरह लड़की के पास पहुंच गए। बेटा बाप को देख कर अपने कमरे में चला गया। बाबू जी ने लड़की के कपड़े ठीक किए फिर उनके फिर उसके आंसू पहुंचने लगे और अंत में अपने हाथ उसकी गर्दन पर गढ़ा दिए। यह जब तक जाएगी अनर्थ को बुलावा ही देगी। इसका जीना मेरे लिए भी दुखदाई है और इसके खुद के लिए भी। अशक्त शरीर में बला की शक्ति आ गई और गर्दन पर हाथों की पकड़ मजबूत होती गई और कुछ देर के बाद लड़की निढाल हो कर

गिर गई। बाबूजी उसे वहीं पड़ा छोड़कर अपनी चारपाई पर आकर हांफने लगे। अंधकार में अपने भविष्य की सोच से जी भर के रोए।

पुलिस ने बाप-बेटे दोनों को हिरासत में ले लिया। बाबू जी ने अपना जुर्म कबूल कर लिया। बहुत सख्ती से पूछने पर भी उन्होंने खून करने का कारण अदालत में नहीं बताया। अंत में उन्हें उम्र कैद हो गई। जेल में बाबूजी और बीमार हो गए। बीमारी का कारण था आत्मग्लानि। उनका व्यवहार भी असामान्य हो गया। बैठे-बैठे उन्हें बीते दिनों का ख्याल परेशान करता। कभी-कभी वह पागलों की तरह हरकतें करते। इस बीच में एक दिन समाचार मिला कि उनके बेटे ने शादी कर ली है।

शादी के बाद बहू और बेटा उन्हें जेल में मिलने आए थे। बाबूजी अपनी बहू को देख कुछ प्रसन्न हुए पर बिब्बो की बेटी का हादसा उन्हें फिर-फिर याद हो आया।

जेल में उनका आचरण और तबियत को देखते हुए उन्हें समय से पहले ही बरी कर दिया गया। जेल से बाहर आकर बाबूजी ने एक निगाह अपने ही ऊपर डाली। कभी सपने में भी नहीं सोचा था कि उनका यह हाल हो जाएगा। भारी कदमों से वह अपने घर पहुंचे। घर पर कोई नहीं था बस एक नौकर था। पूछने पर बताने लगा कि मालिक और मालकिन बाहर घूमने गए हैं और कुछ दिन के बाद लौटेंगे।

बाबूजी में इतनी हिम्मत नहीं थी कि वह अपने कपड़े बदल पाते या कुछ और ही कर पाते। वह अपने कमरे में पहुंचे सब कुछ बदल चुका था। उनकी चारपाई वहां नहीं थी। वह बिस्तर पर लेट गए लेकिन नींद नहीं आ रही थी। आखिर वह जमीन पर ही लेट गए। नींद फिर भी गायब थी। उन्हें फिर याद हो आया, वह दिन जब उन्होंने बिब्बो को पकड़ा था और जैसे ही यह ख्वाब चरम सीमा तक पहुंचा उन्हें लगा कि उन्हें झटका लगा है और वह वापिस सपने से सच की दुनिया में लौट आए। आधी रात बीत गई फिर भोर हो गई। मंदिरों से घंटियां सुनाई दे रही थीं। शायद बाबूजी के कानों में पहली बार ऐसी आवाज पड़ी थी। अपना सारा जीवन या पत्नी अपने बेटे में खोए रहे। पिछले कई वर्षों से उन्हें वक्त का भी ध्यान नहीं रहा और जीवित लाश से खुद को ढोते रहे। जिस घर, जिस पत्नी, जिस बच्चे के लिए बाबूजी ने अपना सारा जीवन गंवा दिया...।

वह इस समय असहाय थे और उनके पास कोई भी नहीं था। बाबूजी में उठने की हिम्मत नहीं थी। दिन चढ़ आया था, पाखाने से सफाई किए जाने की आवाज उन्हें फिर सुनाई देने लगी। सामने बिब्बो थी शायद उसे बाबूजी के आने की खबर लग गई थी। बाबूजी हिम्मत करके उठे और बाहर देखा सामने बिब्बो थी..., "कितनी बूढ़ी हो चुकी है अब। अब तो उसकी तरफ देखने से भी उबकाई आए।" उनके मन में आर्तनाद चल रहा था, "हां खुशबू तो उस दिन भी नहीं आई थी", खैर बाबूजी वही खड़े रहे।

बिब्बो को बाबूजी ने देखा, उसने मैले की टोकरी अपने सर पर रखी हुई थी। झाडू बगल में दबाए हुई थी। वह बाबू को देखते ही बोली "आ गया बाबू जेल से, साफ कर दिया है तेरा पाखाना।"

बाबूजी, "अगर तू उसे गिरा देती तो यह सब ना होता।"

"और अगर तूने उस दिन मुझ पर हाथ नहीं धरा होता तो भी यह सब नहीं होता। तेरा मैल साफ नहीं हो सकता, बेटी को मार कर तूने क्या सब ठीक कर दिया है। अरे तू जन्म-जन्म नर्क भोगेगा।"

बाबू जी कुछ बोलते इससे पहले ही बिब्बो निकल गई। जाते-जाते उसे लगा कि उसके कानों में कोई धम की आवाज पड़ी है। उसने पीछे मुड़कर भी नहीं देखा। मोहल्ले के दूसरे घरों में काम करती रही। कुछ देर बाद खबर लग गई कि बाबूजी चल बसे हैं।

बेटा घर में नहीं था, उसका अता-पता किसी को नहीं मालूम था, आखिर मोहल्ले वालों ने बाबूजी का अंतिम संस्कार करवाया। बिब्बो ही इस काम में साथ रही। तीसरे दिन फूल चुनने का दिन था। इससे पहले कि कोई वहां पहुंचता बिब्बो सुबह ही शमशान पहुंच गई। राख को हटाकर बाबूजी का कंकाल देखने लगी। फिर उनके पेट के नीचे बहुत कुछ ढूंढने लगी। यहां जो कुछ भी है उसे ऐसी जगह दबाऊंगी कि उसे अगले जन्म में मर्दानगी ना मिले। हाथ मार-मार कर राख में कुछ ढूंढती रही पर वहां उसे कुछ ना मिला। वहां केवल राख ही राख थी। जाते-जाते उसकी राख पर दो-चार भद्दी गालियां सुना कर बिब्बो दूर निकल गई। शायद उसका प्रतिकार अधूरा रह गया था।

■■■

# 11. गांधी लौट आओ

आज रामदीन अब तक नहीं लौटा। बाजार से सामान लाना है। भीतर काफी घुटन महसूस हुई तो मैं बाहर लॉन में टहलने लगी। सामने पार्क में बत्तियां जल गई। लोग वहां आने लगे। मैं दूर से ही उन्हें देख रही थी। मैंने देखा कि रामदीन किसी रिक्शे वाले से बतिया रहा है। मुझे हल्का सा गुस्सा आया। दूर से हम किसी को देखें तो उसके मन की स्थिति पता नहीं चल सकती। मुझे लगा कि रामदीन कामचोर है। वह समय पास कर रहा है। भीतर ही भीतर मैं रामदीन पर क्रोधित होने लगी। मैंने देखा कि वह अब लौट रहा है। उसने अपनी जेब में कुछ डाला। मैंने फिर क्रोध किया, इन्हें एक बंडल भी मिल जाए, तो बस, सब भूल जाते हैं। रामदीन ने आते ही घबरा कर अपनी जेब से मुझे एक मुड़ा तुड़ा पोस्ट कार्ड थमा दिया। मैंने पहले पता देखा, रामदीन रिक्शावाला, पटेल नगर मंदबुद्धि बच्चों के स्कूल के पास घर है। पता देखकर मैंने पत्र पढ़ना शुरू किया लिखा था, प्यारे रामदीन, में यहां पर हूं पुलिस ने पकड़ रखा है। मुझे रिहा करा ले जाओ, जल्दी आना नहीं तो तुम मेरी ...। आगे जगह छुटी हुई थी और नीचे लिखा था। तुम्हारा चाचा मातादीन। चिट्ठी बहुत घिसी पीटी लग रही थी। मानो कई हाथों से गुजरकर रामदीन तक पहुंची हो। मैं समझ गई मातादीन को मेरे घर का नंबर तो पता नहीं। जो पता उसने अपनी तरफ से लिखा है वह ठीक ना होते हुए पर्याप्त है। पटेल नगर में एक ही स्कूल है मंदबुद्धि बच्चों के लिए और डाकिए ने पोस्टकार्ड स्कूल के एक रिक्शा चालक को दिया था। भला हो उसका जो उसने पूछताछ करके रामदीन को पोस्टकार्ड दे दिया। अब मुझे अपना क्रोध बेवजह लग रहा था। आंखें जो देखती है वह कभी कभी आधा सच भी नहीं होता। रामदीन बहुत परेशान था। उसने सुबह ही मातादीन के पास जाने की आज्ञा मांगी और मैंने उसे सहर्ष स्वीकृति दे दी। मैं स्वयं मातादीन से उसकी व्यथा जानना चाहती थी।

उम्र 45 वर्ष, रंग काला, चमकीली गोल आंखें, घनी मूछें और खिचड़ी सी दाढ़ी। मातादीन पिछले लगभग 40 वर्षों से दिल्ली में ही है। वह अपने मां-बाप के साथ बिहार के किसी गांव से शहर आया था। मातादीन के मां-बाप उसे पढ़ा-लिखा कर कुछ बनाना चाहते थे, सो पास ही के एक सरकारी स्कूल में उसे भर्ती करा दिया था। मातादीन के मां-बाप मजदूरी करते और कहीं ना कहीं पटरी पर सो जाते। बाद में एक हादसे में जब काम करते हुए उसके मां-बाप मारे गए तब मातादीन किसी स्कूल में सातवीं के परिचय दे रहा था।

मां-बाप की मौत से मातादीन का भविष्य उस गहरे कुएं में जा गिरा जहां पानी की एक बूंद तक नहीं थी। वह पढ़ाई जारी नहीं रख सका था। मां बाप का सपना वह अवश्य पूरा करना चाहता था इसलिए उसने ईंट-गारे की मजदूरी को हाथ नहीं लगाया। 15 साल की उम्र से मातादीन अपने इलाके की झोपड़पट्टी में सबसे अधिक पढ़ा-लिखा युवक माना जाने लगा। वह कमीशन पर काम करने लगा। इस काम के बदले उसे दो या पांच रुपए मिल जाते।

समय बीतता रहा। एक दिन मातादीन अपने रिश्ते के भतीजे रामदीन को लेकर हमारे घर आया और बोला, "यह गांव के रिश्ते में हमारा भतीजा है। आप इसे अपने पास सर छुपाने की जगह दे दो। आपके घर का सारा काम कर दिया करेगा।" शहर में काम करने वाले मिलते भी नहीं और मातादीन के अनुरोध को स्वीकार कर मैंने उसे अपने घर में पनाह दे दी थी। तब से ही रामदीन हम पर और हम उस पर आश्रित हो गए। घर की सारी जिम्मेदारी वही निभाता है। दोपहर में वह रिक्शा चलाता है और अंधेरा होने से पहले ही घर लौट आता है। सब्जी खरीदना, आटा पिसवाना, रसोई का सारा काम भी वही संभालता है।

मातादीन शहर में पक्का शहरी हो गया था। बात करना, फोन करना, चिट्ठी पत्री लिखना, वह सब जानता था। कमीशन पर काम तो था ही, पर जब उसे पैसों की जरूरत होती तब वह हाथ गाड़ी भी खींच लेता। हां, तब वह अपने सिर पर अंगोछा बांधना नहीं भूलता जिससे उसके चेहरे का काफी हिस्सा ढक जाता। एक बार में तीस रुपए तो मिल ही जाते। उस दिन वह सफेद कुर्ते पाजामे में आ जाता। कंधे पर झोला भी टांग लेता। 30 वर्ष का

होने पर उसके जीवन की सोच ही बदल गई। अब उसे हाथ गाड़ी खींचना अच्छा नहीं लगता। एक बार तो उसने मुझे साफ कह दिया था,

"बीबी जी, हम जैसों को इंसान ही नहीं समझा जाता। मुझे कभी-कभी लगता है हम आज भी गुलाम है और अमीर लोग हम पर राज करते हैं। मानो हम हिंदुस्तानी नहीं किसी दूसरी दुनिया के लोग हैं।" वह बहुत निराश लग रहा था और मैंने उसे कोई जवाब नहीं दिया था।

उसने एक नया काम शुरू कर दिया था। कमीशन के आधार पर उसने काम करने का तरीका कुछ बदल दिया। एक ही गांव में स्वयं जाता और सब के रुपए, पैसे और सामान, उनसे पांच दस रुपए लेकर उनके घरों में पहुंचा आता। अब मातादीन अकेला सबका काम करता, इससे लोगों के रुपए भी बचते और सब उस पर भरोसा भी करते। गांव से शहर में बसे कामकाजी मजदूरों को वह इस तरह मदद करने लगा। महीने में एक बार वह सबसे रुपया, पैसा, कपड़े, उपहार लेता, उसे अपनी डायरी में नोट करता और संबंधित रिश्तेदारों को जाकर दे देता और फिर वापस शहर आ जाता। इस काम के लिए वह दोनों ओर से कमीशन लेता। इसी तरह वह अपना गुजारा कर रहा था। पिछली बार भी मातादीन 8-10 लोगों से रुपए, उपहार आदि लेकर निकला था। मातादीन को गए बहुत दिन हो गए, न जाने कहां ठहर गया है। रामदीन के साथ-साथ हम सब भी मातादीन के लिए परेशान हैं और आज यह चिट्ठी मिल गई है।

तीसरे दिन रामदीन और मातादीन दोनों घर लौट आए। मातादीन की आंखें रो रो कर इतनी लाल थी मानो किसी ने उसकी आंखों में लाल मिर्च झौंक दी हों। वह बहुत व्याकुल था और मैं उससे अधिक आतुर थी। उसने जो मुझे बताया वह उसी के शब्दों में कहना ठीक रहेगा। उसने कहना शुरू किया, "बीबीजी मेरी पूरी बात सुन कर मुझे बताना। क्या हम आजाद हैं? क्या हमारे देश में सुधार की जरूरत है या नहीं? क्यों ना हम सब अभी आत्महत्या कर लें? जीएं वही भ्रष्टाचारी। शरीफों को इस देश में जीने का हक नहीं है क्या? क्या गंदे और मैले कपड़े पहनना बहुत बड़ा अपराध है?

ऐसे ही कई प्रश्न, एक-एक करके, उसने मेरे समक्ष रखे। मैंने कहा "तुम अपनी पूरी बात बताओ। तुम कहां गए थे और तुम्हारे साथ क्या हुआ।"

उसने धीरे धीरे बोलना शुरू किया। मैंने महसूस किया उसके भीतर की

पीड़ा से उसके चेहरे की कालीमां और गहरा गई है। उसका स्याह चेहरा और दयनीय आंखों की आग मेरी आंखें देख नहीं पा रही थी। मैंने अपने माथे पर अपने बाएं हाथ से इस तरह टेक लगाई कि मेरी आंखें छिप गई। वह बोलने लगा। अब मैं केवल उसकी आवाज सुन रही थी। उसने कहना शुरू किया "मैं बस से उतरकर गांव की सड़क पर पैदल चलने लगा। उस समय दोपहर के 3:30 बजे हुए थे। मैं जल्दी ही फूफी को, उसके बेटे के द्वारा दिए गए ₹ 250 देकर वापस होने की सोच ही रहा था। मेरे पांव में मानो पंख लग गए थे। मैं भाग ही रहा था। मुझे जल्दी ही शहर भी लौटना था। गांव अंदर तक जाने के लिए मुझे 3 किलोमीटर रास्ता पैदल चलना था। अभी आधा फर्लांग ही चला था कि पुलिस की एक गाड़ी में बैठे हुए कुछ कर्मचारियों ने मुझे अपने पास बुलाया और कहा, "चाचा इधर आ।"

मैं रुक गया तो उन्होंने पूछा, "कहां जा रहे हो, कहां से आए हो।"

मैंने कहा, "आप क्यों जानना चाहते हो।"

तो उन्होंने कहा "भाई तुम जहां जाना चाहते हो, हम तुम्हें वहीं छोड़ देंगे।"

मैं खुश हो गया कि हमारे देश में गरीबों और बुजुर्गों का सम्मान शुरू हो गया है। मैं उनकी बात पर राजी हो गया और उनकी जीप में बैठ गया। जीप भी भागे जा रही थी। काफी रास्ता तय होने पर, मैंने कहा, "मुझे तो यही तक जाना है।" इस पर उन्होंने कहा, "इत्मीनान रखो, हम लौटती बार तुम्हें यहां उतार देंगे।

अभी इन्हें तुम से आगे तक छोड़ना है।" मैंने देखा उस गाड़ी में पहले से ही एक बहुत बूढ़ा व्यक्ति, जो बीमार लग रहा था बैठ है। मैंने सोच लिया कि चलो पहले इसे ही छोड़ देते हैं। इस बीच में ऊंघने लगा और जब झटके से गाड़ी रुकी तो मैंने देखा हम एक बहुत बड़े गेट पर है। मैं नीचे उतर आया। पुलिस वालों में से एक ने मुझे कहा, "इसे अंदर तक पहुंचाने में हमारी मदद करो।" मैंने भूख से व्याकुल होने पर भी पूरी हिम्मत से उस वृद्ध को अंदर पहुंचाया।

बस उसके बाद तो उन पुलिस जैसी वर्दी पहनने वालों का व्यवहार ही बदल गया। मैंने देखा वह कई हजार गज में बनी एक जेल जैसी है। जहां पर कई तरह के व्यक्ति, अपाहिज बूढ़े, बीमार स्त्रियां और पुरुष रहते हैं। बाहर

से तो पता ही नहीं चला था कि अंदर इतना घिनौनापन और अशांति होगी। काश दीवारों के पत्थर बोलते होते। "अगर आप लोग मुझे छोड़ने नहीं जा सकते मुझे जाने दो..." मैं शोर मचा रहा था। परंतु मुझे यह कहकर रोक दिया गया कि कल साहब आएंगे वही पूछताछ करेंगे और फिर तुम्हें छोड़ दिया जाएगा। मैं क्या करता, ऊंची दीवारों में मैं केवल रो सकता था बस।

तभी एक कर्मचारी ने मुझे धमकाकर कहा, "रात को कुछ खाना पीना है तो उठो, कुछ काम करो, यहां सब बूढ़े और बीमार है।"

मैं जिस भी कमरे में जाता, गंदे बिस्तर, खटमल और कॉकरोच तो सरेआम, बीमारों और अपाहिजों की देखरेख भी नहीं थी। कई लोगों के चेहरे पर मैंने जुएं रेंगती देखी। दुर्गंध और पीढ़ा का साम्राज्य था बीवी जी। नरक के दर्शन करके आया हूं।" उसने बताया कि जिस फूफी को देने के लिए वह ₹ 250 साथ लाया था वह भी उसे वही मिली, वह बुखार से तप रही थी। जब मातादीन ने उसे पहचान लिया और कहा तुम्हारे बेटे ने जो पैसे तुम्हारे लिए भेजे हैं, मैं वही देने तुम्हारे पास आ रहा था कि मुझे धोखे से पकड़कर यहां लाया गया है।

मैंने फूफी से पूछा, "तुम कब से हो यहां", फूफी से बोला नहीं जा रहा था, वह इशारे से इतना ही बता पाई कि यह रुपए मैं उसके बेटे को ही वापस कर दूं। उसकी हालत देखकर मैं शोर मचाने लगा... मैंने कहा यह अन्याय है। हम इंसान हैं। हमें जानवरों की तरह यहां रखने का हक किसी को नहीं। इसका इलाज होना चाहिए। मैंने कहा, इसको दवा दो। यह बीमार है, मेरी बात सुनने वाला वहां कोई नहीं था। मैंने देखा चार लोग आए। उन्होंने फूफी को उठाया और चल पड़े। मैं भी पीछे पीछे चल पड़ा। मुझे डंडों से पीटा गया ताकि मैं फूफी को उठाने वालों का पीछा नहीं कर सकूं। मैंने पूछा कहां ले जा रहे हो इसे, डॉक्टर की जरूरत है इसे, नहीं तो यह मर जाएगी। मुझे आज गांधी की याद आ रही थी। क्या यह वही राम राज्य है जिसकी कल्पना महात्मा गांधी ने की थी? मुझे खूब गालियां दी गई तथा पीटा गया। मुझे भी चार गार्डों ने पकड़ लिया। मैंने देखा वे लोग ऊंची दीवार पर पहुंचने के लिए सीढ़ियां चढ़ रहे थे। मुझे नीचे ही रोक लिया गया। मैंने देखा वे चारों आदमी अब फूफी को दूसरी और रख कर वापिस उतर रहे थे। बाद में मुझे छोड़ दिया गया। मैं भागकर ऊपर पहुंचा... देखा

दीवार के दूसरी और नाले नुमा नहर सी थी। उसको शायद जिंदा ही पानी में फेंक दिया गया था। यह सब देखकर मैं बहुत विचलित हो गया और चिल्लाता हुआ नीचे आया और सबको वहां से भागने के लिए कहने लगा। मुझे पकड़ लिया गया और रात भर बांधकर मुझे बहुत पीटा गया। वह रात यमदूतों के नर्क से ज्यादा भयावह थी। मुझे लग ही नहीं रहा था कि हम अपने देश में हैं। ऐसा लग रहा था कि मैं दुश्मनों की गिरफ्त में फंस गया हूं। मुझे लगा कि मैं भारत का नहीं बल्कि एक नीग्रो हूं गौरो-गौरो।"

मातादीन झटके से उठा और हाथ जोड़कर खड़ा हो गया। मैंने पूछा "तुम्हारे पास पैसे है, नहीं हैं तो यह रख लो।" मैंने एक नोट उसे पकड़ाना चाहा।

"नहीं बीबी जी, हो सके तो एक जोड़ी धुले हुए कपड़े मुझे दे दो ताकि फिर मैं पकड़ा ना जा सकूं।" मैंने मातादीन के लिए एक साफ सुथरा कुर्ता और पैजामा उसे दे दिया। मातादीन धुले कपड़े लेकर चला गया है और पीछे छोड़ गया है एक बड़ा प्रश्न और जिम्मेदारी भी।

गांधी जैसे व्यक्तित्व की खोज जो भारतवर्ष के हर नागरिक को रामराज्य की अवधारणा का सुख प्रदान कर सकें...आइए आप भी इस खोज में मेरे साथ चलिए।

■■■

# 12. तस्वीर की आंखें

28 वर्ष के बाद संध्या अपने पति के साथ अमेरिका के एक आकर्षक जुगनुओं के शहर, लास वेगास जा रही है। हवाई जहाज में बैठते ही संध्या को याद आया, जब वह 16 वर्ष की थी तो अपने दादा और दादी के साथ कैलिफोर्निया से कई घंटों की लंबी ड्राइव के बाद लास वेगास गई थी। उसे अचानक जुगनुओं के उस शहर में मिले एक अंग्रेज भारतीय लड़के की याद हो आई। उस समय लास वेगास में उसके दादाजी एक टूरिज्म डेवलपमेंट संबंधी कांफ्रेंस में भाग लेने आए थे। आज संध्या अपने पति के साथ एक कांफ्रेंस में भाग लेने यहां आई है। उसे एक साथ काफी कुछ याद आ गया। उसे याद आ गया जब वह मिराज होटल में सफेद शेरों की जोड़ी को देख खुशी के मारे नाच उठी थी। उसे याद आ गया जब एक होटल के बाहर बने वाटरफॉल पर चल रहे शो में कैसे पानी में से आग निकलने लगी थी और फिर वह आग पूरे पानी में तैरने लगी थी। पानी पर आग को तैरते देख तो संध्या अचंभे से भर गई थी तब उसने अपने दादा से पूछा था "यह कैसे हो सकता है, पानी में आग कैसे लग सकती है।" उसे याद है उसके दादा ने कहा था "जो पानी जैसा दिखे, वह पानी हो जरूरी तो नहीं और हां तुम अमेरिका में हो, यहां तुम्हें बहुत कुछ देखने को मिलेगा।"

अपने दादा और दादी के साथ बिताए कई खूबसूरत क्षण उसे आज भी याद है। उनके साथ आगे चलते हुए उसने देखा था, मानो सारे लोग सड़कों पर निकल आए हैं। रोशनियों के इस शहर में मानो कई सूरज एक साथ चमक रहे थे। भले ही उजाला फैला हुआ था परंतु इन रोशनियों को देख कर ही पता चल रहा था कि रात हो गई है। वरना लाखों चमकती बिजलियां दिन के सूर्य की कमी को काफी हद तक कम करने में कामयाब रही थी। संध्या अपनी दादी का हाथ पकड़कर चल रही थी।

दादा जी आगे-आगे चल रहे थे। संध्या को कुछ ऐसा याद आ गया जिससे उसे आज भी अपने माथे पर गर्मी और पसीने की महक याद हो आई। सड़क के किनारे खड़े कुछ अंग्रेजी युवक मुफ्त किताबें, पर्चे बांट रहे थे और संध्या को किताबों का बहुत शौक था। उसे जो भी किताबें देता, वह उन लड़कों के हाथ से लेती रही। अचानक एक किताब की तस्वीर पर उसकी निगाह पड़ी तो मारे गर्मी के वह घबरा गई थी। फिर दादी से छिपकर उसने सारी किताबों पर नजर डाली। ये लास वेगास की सुंदरियों की अर्धनग्न तस्वीरें थी, उनके फोन नंबर थे। वह कुछ कुछ समझ गई थी। जब उसकी दादी ने ये किताबें देखी तो उसने सारी किताबें फेंक दी थी। संध्या उस रात सो नहीं पाई थी। शो के लिए उस समय कम से कम 50 डॉलर का टिकट था। दादा जी उस रात मीटिंग में थे। आज संध्या को याद आ रहा है, शायद दादा जी उस दिन पक्का कोई शो ही देखने गए थे।

संध्या को अमेरिका की कई यादें हैं। उसे स्टेच्यु ऑफ लिबर्टी की ऊंचाई याद है। उसे याद है यह तोहफा फ्रांस ने दिया था, जिसे पर्यटकों के लिए पार्क में रखवा दिया गया था।

संध्या की यादों का सिलसिला जारी था। उसने एक मीठी सी नींद भी ले ली थी। उड़ान में उसे ठंडी बीयर पीने को मिली थी। वह सोचने लगी शादी के बाद कितने परिवर्तन आ जाते हैं जीवन में। यही तो औरत का दूसरा जन्म होता है। कहां पैदा होती है, किन के साथ रहती है, उन मां-पिता, बहन-भाइयों सबको छोड़कर एक दिन अजनबी घर में चली जाती है। धीरे-धीरे यह अजनबी वाला घर उसका घर हो जाता है। उस घर की परंपराएं उसकी हो जाती हैं। अपने पति के अनुसार वह ढल जाती है। उसे अचानक अपना सर भारी महसूस हुआ तो उसने परिचारिका को एक कॉफी लाने के लिए कहा, तो उसके पति ने उसे घूरती निगाह से देखा, मानो कह रहा हो "कॉफी भी कोई पीने की चीज है।" वह चुप रही। काफी पीने के कुछ देर बाद उद्घोषणा हुई कि अब जहाज कुआलालमपुर पर रुकने वाला है। यहां से अगली फ्लाइट 10 घंटे बाद मिलनी है। वह लंबे सफर से हमेशा घबराती है परंतु इस सफर में उसे एक सुखद बात याद थी ... 16 वर्ष की उम्र में लास वेगास के मिराज होटल के बाहर फोटो खिंचवाते समय, एक अंग्रेज लड़का उसकी दादी से पूछकर फोटो में आ खड़ा हुआ था। फोटो

खिंचवाने के बाद उस लड़के ने संध्या का हाथ प्यार से दबा दिया था। नीली आंखों वाला लड़का और उसका प्रथम स्पर्श याद कर संध्या कई बार रातों को सिहर उठती थी। भारत लौटकर उस लड़के की फोटो को उसने कई बार देखा था। बाद में उसकी मां को पता चल गया तो उसने कुछ समय के लिए वह फोटो कहीं छिपा दी थी। समय के साथ-साथ संध्या का पहला स्नेह अंकुर, पानी और खाद के बिना कब नष्ट हो गया उसे पता ही नहीं चला।

आज फिर इतने वर्ष बाद उसी शहर में जाते हुए उसे कई यादों ने बेकाबू कर दिया था। शरीर भले ही आयु के साथ शिथिल हो गया था परंतु 28 साल पहले की वह घटना याद कर मानो संध्या आज फिर बचपन में लौट आई थी। अपने मन के बंद हिस्से में उसने यह घटना बिना किसी को बताए कब से छिपा रखी थी।

मीठी यादें हो तो सफर का पता ही नहीं चलता। प्रातः कैलिफोर्निया पहुंचकर वे लोग उसी शाम को लास वेगास पहुंच गए थे। इस बार कॉन्फ्रेंस मिराज होटल में ही थी। रात को आराम करने के बाद सुबह संध्या के पति अपनी कॉन्फ्रेंस के लिए मिराज होटल के कांफ्रेंस हाल में चले गए थे। संध्या को उन्होंने बहुत कहा परंतु वह सर दर्द का बहाना बनाकर कमरे में पड़ी रही। वह फिर किन्हीं अनजानी खुशबुओं को महसूस करना चाहती थी।

होटल की 15वीं मंजिल से बाहर के दृश्य देखकर कई बार संध्या का मन हुआ वह नीचे उतर जाए और उसी स्थान पर होकर आए जहां उसकी दादी के साथ फोटो खिंचवाते समय यह नीली आंखों वाला खूबसूरत लड़का उसे मिला था। कई बार मन बना और बिगड़ा। अकेले घूमने के लिए वह स्वयं को तैयार न कर सकी। आखिर कब तक वह कमरे में ही बिस्तर पर समय बिताती। सच में सर दर्द होता तो बात भी थी। वह तो पूर्णता स्वस्थ थी बल्कि युवा संध्या भी भीतर ही भीतर कहीं हिलोरे ले रही थी।

कमरे में उसने भोजन मंगा लिया और भोजन करने लगी। इस बीच संध्या की तबीयत के बारे में उसके पति का फोन आया। संध्या ने अपने पति से थोड़ा बाहर घूम आने की आज्ञा ले ली। खाना खाने के बाद वह नीचे उतर गई। बाहर काफी पर्यटक थे। संध्या सोचने लगी, यह स्थान देखे बिना लोगों की अमेरिका यात्रा अधूरी ही रह जाती है। उसे भारत में कटरे के पास विद्यमान भैरव मंदिर याद आ गया। जैसे वैष्णो देवी की यात्रा अपूर्ण मानी

जाती है बिना भैरो के मंदिर पर मस्तक झुकाए। काफी समय तक वह एक स्थान पर बैठकर आने जाने वालों को देखती रही फिर होटल के चारों ओर यूं ही घूम कर वह अपने कमरे में लौट आई।

शाम को संध्या के पति लौट आए तो उन्होंने संध्या को अपने साथ बाहर घूमने के लिए कहा। संध्या अब तरोताजा महसूस कर रही थी।

वे दोनों होटल के बाहर आ गए। अब उसे बाहर कई परिवर्तन महसूस हुए। सूरज भी चमक रहा था। सूर्य देवता देर से अस्त होते हैं। पहले की तुलना में अब यहां कई आलीशान होटल बन गए थे। यहां लोग रातों-रात अमीर भी हो जाते हैं और खाली जेब भी। लोग इसे "सिटी आफ सिन" अर्थात् पाप का शहर भी कहते हैं।

संध्या ने अपने पति को सफेद शेर देखने की जिद की। होटल के एक विशेष स्वागत कक्ष की लंबी और फूलों वाली लॉबी में वहां आज भी सफेद शेरों की जोड़ी थी। एक शेर तो उदास सा था, वह तो उठ ही नहीं रहा था। संध्या फिर कहीं खो गई। उसने देखा वहां बहुत भीड़ है। लोग वही फोटो खिंचवा रहे थे। वह बेवजह चेहरे पहचानने लगी। उसे भ्रम था कि वह अंग्रेज लड़का भी यही होगा। वह इधर-उधर देखती रही। खाना खाने के बाद वे लोग अपने कमरे में आ गये।

लास वेगास में आज उन्हें आए 5 दिन हो गए थे। आज वहां उनका आखिरी दिन था। कॉन्फ्रेंस समाप्त हो गई थी। संध्या ने अपने पति से कहा "यादगार के लिए सफेद शेरों के साथ फोटो खींचते हैं।" उसके पति ने कहा, "सच में, यह स्थान बहुत आकर्षक है। यह स्थान लोगों का लोकप्रिय स्थान है। चलो पहले तुम्हारी फोटो खींचता हूं।" संध्या एक स्थान पर फोटो खिंचवाने के लिए खड़ी हुई। उसके पति ने उसकी फोटो खींच दी। तभी एक अंग्रेज ने संध्या के पति से कैमरा ले लिया और उन्हें एक साथ खड़े होने के लिए कहा। लक्ष्मी अपने पति के साथ फोटो खिंचवाने के लिए खड़ी हुई थी कि बिजली की गति से कहीं से एक अंग्रेज आदमी संध्या के पास आकर खड़ा हो गया और बोला, "मैं आई", "क्या मैं भी" संध्या को चुप देख उसके पति ने कहा "वाय नोट", क्यों नहीं, और दूसरे अंग्रेज ने क्लिक कर दिया। फोटो खींचने के बाद गोली की तरह वह आदमी गायब, उस आदमी का कहीं पता भी नहीं चला।

"यहां के लोग उन्मुक्त हैं, भारतीयों की तरह शक्की और सनकी नहीं।" संध्या के पति ने कहा। इस स्थान पर फोटो खिंचवा कर मानो संध्या की मन्नत पूरी हो गई थी। वह अब बहुत शांत महसूस कर रही थी। पिछले 5 दिन में प्रतिदिन वह इस स्थान पर आकर खड़ी रही थी और उसने जी भर कर सकून अपने भीतर भर लिया था। अब वह संतुष्ट थी।

संध्या पिछले हफ्ते ही भारत लौट आई है। उसके पास आज वे दोनों फोटो है। 27 वर्ष पहले की फोटो और आज की फोटो भी। आप हैरान तो होंगे, जब संध्या ने मुझे दोनों फोटो दिखाते हुए पूछा था। फोटो देख कर बताओ दोनों फोटो में क्या एक ही व्यक्ति है? संध्या ने कहा "मुझे तो लगता है दोनों फोटो में एक ही आदमी है। फर्क बस इतना कि अब वाली फोटो में उसकी नीली आंखों पर एक कीमती सुनहरा नजर का चश्मा है, पर तस्वीर की आंखें वही हैं।"

आप सच कहती हैं "मनुष्य की आंखें इतनी जल्दी नहीं बदलती।"

संध्या को तस्वीर में दोनों व्यक्तियों के बारे में राय देने से पहले मैं सोचने लगी "लास वेगास में बिताए 5 दिनों में अर्जित संध्या की अपार संतुष्टि क्या हमेशा उसकी मित्र रह सकेगी।" यह सोच मैं उससे केवल इतना ही कह सकी, "आदमी का तो पता नहीं पर दोनों तस्वीरों में नीली आंखें तो काफी मिलती है।" संध्या फिर दोनों तस्वीरों को देखने में डूब गई थी।

■■■

# 13. मादा रबड़ प्लांट

बिस्तर से उठने का मन नहीं हो रहा था। कई मिनट बिस्तर पर निष्प्राण सी पड़ी रही। किसी को पता नहीं चला। मन के अन्तर्वेग को कौन देख पाया है और समझ पाया है। कमरे से बाहर आ गई। बालकनी में हरियाली थी, कई पत्ते नए थे, कुछ फूल मुरझा चुके थे। दो एक गुलाब खिलने को थे। रबड़ प्लांट को बढ़ते देख मन को काफी अच्छा लगता। सोचती उसने भी मेरी तरह धूप सही है। बरसात के थपेड़ों को बरसों सहा है।

कई बार उसके पत्ते झड़े हैं। कई बार वह कमजोर पड़ा है लेकिन वह टूटा नहीं। उसके भीतर की स्निग्धता ने उसे बचा लिया है। मेरे भीतर भी वह अभी बची हुई है इसलिए अब मैं ताजगी महसूस कर रही हूं। खुलापन यहां नहीं है। मन खुले आकाश में विचरण की अनुभूति चाहता है अतः तीसरी छत पर चली जाती हूं। यहां खुला आकाश है, हवा भी है। हवा को याद करती हैं तो बचपन की कई यादें चलचित्र की भांति सामने आ खड़ी होती है। तब ना घरों में कूलर होते थे ना वातानुकूलित मशीनें। लोग फिर भी ठंडी और ताजी हवा पाते थे। बचपन की हवा और आज की हवा में भी अंतर आ गया है। तब हमारे भीतर कोई आग नहीं थी। मां बाप के स्नेह की शीतलता, खाना-पीना और सो जाना और सपने देखना। आज भी वह सब है, पहले की तुलना में कहीं बेहतर है, फिर भी कहीं चैन नहीं। भीतर और बाहर घुटन-घुटन और घर में लगे रबड़ प्लांट को देख काफी बल मिलता है। इसी को कुछ दिन पहले मैंने हवा और सूरज से दूर वातानुकूलित कमरे में रख कर छोड़ दिया था। सच मानिए पौधा बढ़ा ही नहीं। मैं सोचती रही ये वही रबड़ प्लांट है। बाद में कुछ दिन जब उसे खुली छत पर रखा तो कुछ ही हफ्तों में कई चमकते हुए पत्ते मुझे उस में दिखे। तब से वह इसी छत पर है। बाद में माली ने बताया कि यह मादा रबड़ प्लांट है। इन्हें जरा सी रोशनी और हवा मिल जाए तो यह खूब फलता फूलता है। यह रबड़

प्लांट जब मैंने खरीदा था तो डेढ़ फुट का था आज इसकी ऊंचाई करीब 7 फुट है और भगवान की दया से पत्तों की भी कमी नहीं।

मेरा ध्यान सामने छत पर चला गया। जहां एक सांस लेता रबड प्लांट अपने दो मादा बच्चों के साथ अंधेरे में बैठा था। गर्मी बहुत थी। मैंने देखा छोटे बच्चे नंगे थे, शायद भूखे भी। इस बार गर्मी असहनीय थी और भूख तो प्रत्येक पेट की बुराई है। मां ने ईंट के बने चूल्हे में लकड़ी लगाई तो वहां गर्मी और तेज हो गई है। मादा रबड़ प्लांट के चेहरे पर ओस की कई बूंदे चमकने लगी। ओस घास पर हो और कोई नंगे पांव चले तो वह आंखों के लिए लाभदायक हो सकती है पर उसके चेहरे पर उसकी चमकने वाली बूंदे जो उसकी बढ़ोतरी में नहीं बल्कि उसकी आयु कम करने के लिए काफी थी। पता नहीं क्यों मैं उसे पसीना नहीं कह पाई। जब उसका विवाह हुआ था तो उस रबड़ प्लांट का कद 5 फुट था। आज घटकर साढ़े चार या पौने पांच फुट रह गया है, पैरों में सैंडल नहीं रहे और सिर पर जुड़ा नहीं रहा। बाल गले में झूलते हैं और पैरों में प्राया हवाई चप्पलें। ऐसे में वह कैसे बड़े बड़े सपने देखे जब भविष्य अंधेरे में, लकड़ियों की गर्मी और अपनी बेटियों का पेट भरने के लिए दिन रात मेहनत करती हो। मैं उस प्यारे से मादा रबड़ प्लांट, जिसका नाम रोशनी था, बहुत पहले से जानते थी। मेरे सामने उसका विवाह हुआ था। फिर उसकी एक बेटी हो गई और दूसरे वर्ष दूसरी बेटी और तीसरे वर्ष पति घर छोड़कर लापता। पहले पहले वह मादा के मायके से धन की मांग करता रहा, लेकिन पौधा एक ही हो तो कोई सारी खाद सारी धूप उस पौधे को दे भी दे, पर जब घर में पहले ही घास, फूस, गेंदे और कई जंगली फूल हो तो मादा रबड़ प्लांट बेचारा, वह भी मादा, कौन विचारे उसका। उसका पति शादी से पहले थोड़ा कमाता था। शादी के बाद पत्नी पढ़ी-लिखी मिली तो पति को बैठकर खाने का चस्का पड़ गया। हुआ यूं कि एक बार एक पंडित ने इसे कह दिया था कि तुम तो शादी के बाद बैठकर खाओगे, राज करोगे बस।

बुरी बातों का असर दिल और दिमाग पर बहुत जल्दी हो जाता है। उसके पति ने भी पंडित की बातों को भगवान का आशीर्वाद समझकर स्वीकार कर लिया था उस दिन से वह महोदय कामकाज छोड़ अय्याशी पर उतर आए। अपनी रबड़ सी नाजुक पत्नी पर अनावश्यक अत्याचार भी करने लगा। वह

उसकी मार भी खाती रही और अपनी दोनों बच्चियों के साथ उसके घर में पड़ी रहती। बाद में उसे फैक्ट्री में काम करने के लिए भेज दिया गया। अपने बच्चों के लिए उसने यह भी स्वीकार कर लिया था। एक रात जब उसका पति शराब के नशे में धुत घर आया तो उसने अपनी बड़ी बेटी के साथ कुछ ऐसी हरकत की थी जिसे वह बर्दाश्त नहीं कर पाई और अगली सुबह अपने दोनों बच्चों के साथ अपने माता-पिता के घर आ गई। पति के रूप में जो ठंडी हवा का झोंका वह महसूस कर रही थी वह अचानक उसे तूफान लगने लगा। उसी समय उसके कई पत्ते अचानक झर गए। ठूंठ सी वह अपनी दोनों बेटियों के साथ बियाबान जंगल में मानो अकेली रह गई हो।

माता पता के घर में पहुंचकर उसे पता लगा कि अब इस परिवार में भी उसके लिए कोई जगह नहीं है। तीन भाई और दो कमरे और और वृद्ध माता-पिता। दो भाई शादीशुदा ऐसे में उसे कहां रहने को जगह मिलती। छत के ऊपर उसने अपना घर बना लिया। बचे हुए लकड़ी के फटटे, टूटी हुई कुर्सियां और कबाड़ में पड़ा एक टूटा फूटा तख्तपोश, यही उसकी संपत्ति माता-पिता के घर में बन गई थी। इन सब पर उसने बड़े जतन से काला मोमजामा डाल रखा था। मैं सोचने लगी ...एक के लिए जो वस्तुएं निरर्थक होती है ...वही दूसरे के लिए अत्यंत उपयोगी सिद्ध हो सकती हैं। वह अपनी तरह से जीवन काटने का प्रयत्न करने लगी। इसे जीना तो नहीं कहा जा सकता। वह अपनी बेटियों को साथ लिए प्रतिदिन मानो मर रही थी और भविष्य.... उस रबड़ के पौधे का क्या भविष्य..... जिसे ना पानी, ना छाया, केवल तपती धूप और लू के थपेड़े, बाहर भी और भीतर भी। आज नहीं तो कल उसे मुरझाना है, टूटना ही है।

जब उसे छत पर अपनी दोनों बच्चियों को अगल-बगल लिए सोया देखती हूं तो भगवान से यह पूछना नहीं भूलती, इस मादा रबड प्लांट का दोष क्या था। फिर किसी की पंक्तिया। बरबस याद आ जाती है "या खुदा इतना बता, सब है तेरे बंदे अगर, मुफलिसों के सर पर ही क्यों टूटती है बिजलियां।"

सामने अभी भी लकड़ियां धधक रही है ...विज्ञान के सारे चमत्कार, गैस के चूल्हे, रंगीन टीवी, कूलर, पंखे, देश में बढ़ती हुई खाद्य सामग्री, प्रगति, खुशहाली मंदिर, मस्जिद से मेरे उस रबड़ प्लांट को कुछ नहीं लेना।

उसे अपने लिए इस घर में दो गज जगह पाने के लिए ताउम्र भाई भाभियों और उनके बच्चों की सेवा करनी है और बदले में सुनने हैं ताने। उस दिन जब सब्जी काटते समय उसकी बड़ी बेटी की उंगली कट गई थी तो वह रोती हुई उसे मेरे पास ले आई थी। उस नन्ही मुन्नी की छोटी सी उंगली पर बैंडेज लगाते समय मेरे भीतर कई बड़े-बड़े प्रश्न उठ खड़े हुए।

अब मेरे भीतर अग्नि और बढ़ गई हैं। ऐसे में खुला आकाश, तारे, मानसून के बादलों की ठंडी हवा, फुहारें और साफ सुथरा आसमान, चांद, सब मुझे बेमानी लग रहे है। बरसात में जब उस छत पर रबड़ प्लांट भीगता है और उसकी नन्ही पत्तियां घुटनों में सिर छिपाए सिसकती हैं। सोचती हूं उनकी सिसकियां मुझे ही क्यों सुनाई देती है, शायद मैं रबड़ प्लांट के बारे में ज्यादा जानती हूं। काश उस रबड़ प्लांट के पौधे को कोई अपने घर ले जाए, उसे सजाये-संवारे, बच्चों को प्यार दे... काश ऐसा हो जाए।

■■■

# 14. मैं यहीं रहूँगा

## 1.

सुबह के 7:00 बजे थे और मैं अपनी रसोई में चाय बना रही थी। चाय का बर्तन गैस पर रखा ही था कि मेरी बहू अपने 3 साल के बच्चे को प्ले स्कूल भेजने के लिए किचन में ले आई। उसने बच्चे को किचन में रखे डाइनिंग टेबल के ऊपर बिठा दिया। बच्चा जहां बैठा वहां से वह बच्चा मुझे देख रहा था।

मैंने खोलते हुए पानी की ओर देखा और चाय की पत्ती उठाली। मैंने जैसे ही डिब्बा खोला और उसमें चम्मच डाल चाय की पत्ती भरी ताकि चाय के बर्तन में उसे डाल सकूं। मेरा छोटा सा पोता बोला "अरे नहीं, पहले इसमें चीनी डालिए, बाद में पत्ती।"

मुझे लगा, मुझे किसी ने बहुत ऊंचे पहाड़ से नीचे धकेल दिया है और मैं वहां से फिसलते फिसलते, चोटिल होती गई। मुझे याद आया, यह वाक्य तो मेरे घर में काम करने वाला लड़का बहादुर कहां करता था।

वह अक्सर चाय बनाते समय पहले खोलते पानी में चीनी डालता और उसके बाद ही पत्ती डालकर चाय बनाता था। अपने छोटे से पोते को यह वाक्य बोलते देख मेरा सर घूमने लगा था और मुझे याद आ गया बहादुर और उसका मेरे घर में कैसे प्रवेश हुआ फिर उसकी मृत्यु कैसे हुई। सबसे महत्वपूर्ण बात मुझे अचानक अपने पोते में अपने बहादुर की सूरत दिखने लगी। बहादुर अक्सर कहता था आप मुझे गोद ले लीजिए। मैं बहुत कारणों से कभी कानूनी तौर पर उसे गोद नहीं ले सकी। हालांकि मैंने उसकी शादी की, उसे अपने बच्चों की तरह अपने पास भी रखा था लेकिन कुछ परिस्थितियां कुछ घटनाएं ऐसी घटित होती गई। वह एक दिन हमें छोड़कर अलग चला गया और फिर कुछ सालों के बाद उसकी दर्दनाक मृत्यु भी हो गई।

आज अचानक उसके चाय बनाने के तरीके को दोबारा अपने छोटे बच्चे के मुख से सुनकर मुझे बहादुर फिर याद आ गया। मैं आपको बहादुर की पूरी कहानी बताती हूं फिर आप समझ पाएंगे कि मैं जो सोच रही हूं वह सच है या नहीं।

## 2.

हमारे घर के सामने हैं आटा चक्की है और वहां पर बहुत सारे मजदूर गेहूं पीसने, गेहूं साफ करने का काम करते थे। अपनी बालकनी से मुझे आटा चक्की की दुकान दिखती थी। एक दिन मैंने देखा एक 17-18 साल का लड़का, गोरा चिट्टा लड़का उस चक्की पर काम कर रहा है। मैं जैसे ही बालकनी में आई उसने मुझे देखकर नमस्ते की। अगले दिन जब मैं ऑफिस जाने के लिए बाहर निकली तो वह चक्की के बाहर झाड़ू लगा रहा था। उसने मुझे फिर से नमस्ते की। अब हर रोज शाम को, सुबह जब भी मैं उस गली से निकलती या बालकनी में आती वह हमारे घर की ओर देखता और मुझे नमस्ते करता। एक दिन वह हमारे घर आ गया और उसने कहा आंटी जी मैं आपके घर काम करना चाहता हूं। मुझे सब काम आते हैं, मैं सफाई भी कर सकता हूं और खाना भी बना सकता हूं। बाकी जो भी आप मुझे सिखाएंगे मैं धीरे-धीरे सीख जाऊंगा। उस समय मेरा बेटा छोटा था छ साल का। कुछ दिन पूर्व ही मेरे घर में काम करने वाला बहादुर काम छोड़ कर अपने गांव चला गया। मुझे अपने घर में एक ऐसे लड़के को रखने की जरूरत महसूस होती रहती थी। जब वह अपने आप ही हमारे घर आया तो मैंने अपने घर में बातचीत करके और जहां पर वह काम करता था चक्की के मालिक से अनुमति लेकर उसे अपने घर में रख लिया था। उसके आने के बाद मेरे घर की रूपरेखा बदलने लगी। वह सुबह उठकर सारा घर साफ करता। क्योंकि मैंने भी ऑफिस जाना होता था वह रसोई आकर मेरा हाथ बटाता। मेरे बेटे के स्कूल जाने का नाश्ता तैयार करता। उसने मेरे घर को अपना घर समझकर पूरी तरह संभाल लिया था। मेरे घर में कोई भी मेहमान आता तो वह उसकी भरपूर सेवा करता। अगर मेरे मायके या ससुराल से कोई भी हमारे घर रहने के लिए आता तो बहादुर जी जान से उसकी सेवा करता। वह धीरे-धीरे सब के मन में बहुत अच्छे से अपना घर बना चुका था। सब लोग उससे बहुत प्यार करते थे।

एक बार मैंने उससे पूछा था, “तुम्हारे मां-बाप कहां है?” उसने कहा था “अब मेरा कोई नहीं।” पर पता नहीं क्यों मुझे लगता था कि उसके मां-बाप अवश्य होंगे। ऐसा कभी हुआ है कि कोई बिना मां-बाप के इस दुनिया में आ गया हो। हूँ” दिन उसने मुझे अपनी एक बचपन की तस्वीर दिखाई लेकिन बहुत कहने के बावजूद भी उसके पास उसके माता-पिता की कोई निशानी, कोई तस्वीर नहीं देखने को मिली थी मुझे। फिर मैंने स्वीकार कर लिया कि वह सच ही बोल रहा था। यह भी हो सकता है कि अपने घर से बुरी तरह निर्वासित किए जाने के पश्चात अब वह कभी घर जाना ही नहीं चाहता हो। यह तो उसने मुझे बताया था कि नेपाल के पार, किसी दूर गांव से वह दिल्ली में काम करने आया और फिर कभी वापस नहीं गया। एक बार बातों बातों में उसने अपने घर की गरीबी का वर्णन किया था। उसके बहुत बहन भाई थे यह उसने बताया था। वह कितने नंबर का बच्चा था यह है उसने नहीं बताया लेकिन वह अपने घर में बहुत प्रताड़ित था।

जब मैं बाजार में सब्जी लेने जाती तो वह सामान उठाने के लिए मेरे साथ जाता। उसने मुझे कभी कोई काम नहीं करने दिया। मुझे ऐसा लगता कि भगवान ने मुझे बहादुर के रूप में एक बेटा दे दिया है जो मेरा बहुत ध्यान रखता है। मुझे याद है एक बार मैं अपने घर में सफाई करने के लिए झाड़ू उठाकर अभी शुरू ही किया था कि बहादुर ने देख लिया। उसने मेरे हाथ से झाड़ू खींचते हुए कहा था “क्या मैं मर गया हूं जो आप झाड़ू लगाओगे और उसने मुझे धमकी दी थी कि अगर फिर कभी मैंने झाड़ू उठाया या कोई काम करने की सोची तो वह अपने हाथ की नस काट लेगा।” वह रसोई से चाकू उठाकर मेरे सामने आ गया था। मैंने उसे प्यार से समझाया था “मैं तुम्हारी सहायता कर सकती हूँ। तो उसने मुझसे वादा ले लिया था कि मैं कभी झाड़ू नहीं लगाऊंगी।

इस तरह की बात करने वाले बहादुर की आगे की कहानी और भी रोचक होने वाली है।

### 3.

बहादुर हमारे परिवार का सदस्य बन चुका था। हम कहीं भी घूमने जाते तो बहादुर हमारे साथ ही जाता। चाहे यह सफर हम कार से करें या

ट्रेन से, वह बकायदा सदस्य की तरह यात्राओं को आनंद लेता हुआ साथ रहता। इस दौरान वह मेरे बच्चों का और हमारे उठने, बैठने, सोने, सभी सुविधाओं का ध्यान रखता। मुझे याद है एक बार वैष्णो देवी की यात्रा के दौरान रात हो गई थी और पहाड़ी सफर में कितनी सावधानी रखनी पड़ती है यह आप सब भलीभांति जानते हैं। मेरे पति जब ड्राइव कर रहे थे तो वह उनके साथ आगे बैठ कर खिड़की से बाहर निकाल कर रास्ता बताता और अपनी जिम्मेदारी का निर्वाह करता रहा। अंधेरा अचानक गिर गया था और मंजिल पर पहुंचना अनिवार्य था। आप सब जानते हैं वैष्णो देवी की यात्रा के दौरान बीच में ठहरने की व्यवस्था नहीं होती और हम बहादुर की वजह से सकुशल परिवार सहित कटरा पहुंच गए थे। आगे की यात्रा में उसने पिट्ठू का भी काम किया। बच्चों के खाने पीने का सामान और अन्य जरूरी सभी वस्तुएं बहादुर ने अपनी पीठ पर टांग ली थी और पूरी यात्रा में उसका भरपूर सहयोग रहा था।

ऐसी बहुत सारी बातें हैं जिसमें बहादुर की अच्छाइयों का उल्लेख किया जा सकता है। उसे हमारे घर आए 5 साल से अधिक समय हो गया था। मुझे लगता है उसमें अब एक भरपूर युवक आ चुका था और उसके मन में भी अपनी शादी करने के सपने आने लगे थे। एक बार उसने स्वयं किसी को जाकर कह दिया कि वह हमारे घर में रहता है और हमने उसे गोद लिया हुआ है। एक व्यक्ति अपनी पढ़ी-लिखी शिक्षक बेटी का रिश्ता लेकर हमारे घर आ गए। बहादुर ने उसके बारे में हमें बताया था कि वह अपनी बेटी की शादी उससे करना चाहते हैं। वह व्यक्ति दिखने में बहुत ही अप-टू-डेट और संस्कारी लग रहा था। मुझे थोड़ी हैरानी भी हुई कि बहादुर के साथ वह अपनी बेटी की शादी क्यों करना चाहते हैं। बाद में उसने मुझसे एक बात पूछी थी और कहीं थी

"मैं अपनी बेटी की शादी बहादुर के साथ कर दूंगा क्योंकि आपने इसे गोद लिया हुआ है।"

मैं बहुत हैरान हुई थी। मैंने उन्हें स्पष्ट इनकार कर दिया था, ये कहकर "जी नहीं, बहादुर मेरे बच्चों की तरह है, इसकी शादी के बाद मैं इसे अपने साथ ही रखूंगी और जहां तक हो सकेगा मैं पूरा सहयोग करूंगी। लेकिन माफ कीजिए इसे हमने गोद नहीं लिया हुआ।"

मेरी यह बात सुनते ही वह सज्जन हाथ जोड़कर उठ खड़े हुए और उन्होंने शादी से इंकार कर दिया। जब वह सज्जन चले गए तो बहादुर को बहुत क्रोध आया और उसने इस बात पर हमसे बहस भी की। उसने कहा था, "आपने क्यों नहीं कहा कि आपने मुझे गोद लिया हुआ है।" मैंने कहा हम किसी को झूठ नहीं बोल सकते। फिर उसने इस बात पर बहस की। लेकिन वह अंदर ही अंदर इस बात से नाराज भी हो गया। उसने मुझे यह भी कह दिया था "आप मेरी शादी करना ही नहीं चाहते, आप मुझे अपना बेटा नहीं समझते और ...।" उस दिन गुस्से में उसने बहुत कुछ कहा। अब मुझे उसकी इन बातों को गलत सिद्ध करना था।

मैंने पूरी कोशिश की लेकिन बहादुर के लिए मैं कोई लड़की नहीं ढूंढ सके जो उससे शादी कर सके। एक बार हम लोग पंजाब में किसी की शादी में वहां गए हुए थे। बहादुर ने वहां अपने आप ही किसी से अपनी शादी की बात की और उन्हे। हमारे बारे में बताया। इस बार उसने लड़की के रिश्तेदारों को हमसे बात नहीं करवाई, पता नहीं उसने उनको क्या क्या बताया था। लड़की के पिता नहीं थे और मां ने लड़की की शादी बहादुर से करने की अनुमति दे दी थी।

पंजाब में हमने लड़की के घर जाकर जो भी शादी के लिए जरूरी होता है वह सब किया और बहादुर की शादी करके उसकी पत्नी बनी जानकी को हम अपने घर ले आए थे। जानकी की मां वहां किसी के घर साफ सफाई का काम करती थी। वह बहुत खुश थी कि दिल्ली में उसकी लड़की ब्याह कर बड़े घर में जा रही है।

बहादुर के पास रहने के लिए अपना एक कमरा था ही। उसने वह कमरा अपने और जानकी के लिए तैयार कर लिया। जो भी आवश्यक सामान था सब उसके कमरे में उपलब्ध करा दिया गया था। सोने के लिए अच्छे विस्तर, कमरे में पंखा, सारी व्यवस्थाएं संपूर्ण कर दी गई। रसोई तो मेरी और बहादुर की एक ही थी।

जब सुबह जानकी की आंख खुली तो बहादुर रसोई में हम सबके लिए चाय नाश्ते का प्रबंध कर रहा था। उसमें जानकी को चाय और नाश्ता करवाया। जब जानकी ने देखा कि बहादुर अब झाड़ू लगा रहा है, तो उसमें उसे ऐसा करने से रोका। उसमें यह भी नहीं कहा कि मैं लगा देती हूं बल्कि

उसने कहा कि आप इस घर में नौकर की तरह काम करते हो और आपने मुझे वहां धोखे में रखा। मैंने जानकी को समझाने की कोशिश की और कहा, "हम इससे घर का काम नहीं करवाएंगे और तुम जैसे अच्छी बहु अपने घर में रहती है, तुम चाहो तो वैसे ही हमारे साथ रह सकती हो।" लेकिन उसे इस सब से भी इनकार था। मेरे बहुत समझाने पर भी जानकी नहीं मानी और अलग घर लेने का फैसला कर लिया। उसे नहीं पता था दिल्ली जैसे शहर में किराए पर घर लेना कितना मुश्किल भरा काम है। बहादुर अपने लिए घर तलाशने लगा। आखिर उसे ₹5000 महीना किराए पर एक कमरा ले लिया। बहादुर सुबह हमारी दुकान पर आता काम करता और चला जाता। लेकिन 5000 तो किराए में ही चला जाता, कुछ दिन राशन पानी की व्यवस्था हमारे द्वारा कर दी गई लेकिन जानकी को यह भी स्वीकार नहीं हुआ। अब उसके पास खाने-पीने की व्यवस्था में कमी आने लगी वह परेशान रहने लगा। उसने अपनी परेशानी जब मुझे बताई तो इसे मैंने एक अपने रिश्तेदार, जिनका बहुत बड़ा होटल था वहां भेज दिया। मुझे पूरा विश्वास था और मैं चाहती थी कि वह वहां जाकर अच्छी कमाई कर सके और जानकी के साथ सुख पूर्ण तरीके से रह सके। वह हमारे घर से, हमारे पास से जाना नहीं चाहता था। अब क्योंकि बहादुर ने स्वयं शादी की थी, वह हमें किसी बात का दोष नहीं दे सका और इसलिए वह चुपचाप जानकी के साथ यह शहर छोड़ कर दूसरे शहर चला गया।

जाने से पहले वह बहुत रोया था और उसने कहा था "मैं इस घर में ही रहना चाहता था हमेशा हमेशा के लिए, पर मैं मजबूर हूं क्योंकि जानकी अब गर्भवती है और वह उसे किसी भी हाल में दुखी नहीं रखना चाहता।"

मुझे बहुत खुशी हुई कि अब वह पिता बनने जा रहा है। मैंने बहुत सारी शुभकामनाओं के साथ आवश्यक सहायता देकर उसे अपने घर से विदा कर दिया था।

## 4.

एक साल के बाद मुझे यह सूचना मिली थी, बहादुर के घर एक बेटे ने जन्म लिया है। वह बहुत खुश है। अपने बेटे और अपनी पत्नी जानकी के साथ वह एक बार मुझे मिलने भी आया था। गोल मटोल उसका बेटा बहुत

सुंदर था। मैं उसके बेटे को देखकर बहुत खुश हुई। उसने अपने बेटे को मेरी गोद में देते हुए कहा था "यह तुम्हारी दादी है, प्रणाम करो।"

छोटा सा बच्चा क्या समझता प्यार के रिश्ते, पर वह टुकर टुकर सारे घर को देखता, इधर-उधर भागता रहा था। मैंने जानकी को समझाने की कोशिश की कि वह अब भी चाहे तो उसका कमरा खाली पड़ा है, वे लोग यहां रह सकते हैं। पता नहीं उसने क्यों इंकार कर दिया और वह अपने बेटे और बहादुर को लेकर अपने शहर वापस चली गई। मैं अपने आप में बहुत संतुष्ट हूं कि मैंने बहादुर को और उसकी पत्नी जानकी को एक बार फिर से अपने साथ रहने का निमंत्रण दे दिया है। अगर वे लोग मेरे साथ रहते तो उनके खाने-पीने, ठहरने की व्यवस्था तो मैं कर ही सकती थी। बहादुर के साथ यह हमारी अंतिम मुलाकात की थी।

फिर कई वर्षों तक बहादुर के बारे में कोई खबर नहीं मिली। पता लगा कि उसने वहां भी नौकरी छोड़ दी है और अब कहीं और नौकरी कर रहा है।

मुझे यह भी सूचना मिली की बहादुर की तबीयत बहुत खराब चल रही है और अब वह कुछ भी काम करने लायक नहीं रहा। एक दिन किसी का फोन आया कि बहादुर की मौत हो गई है, उसे पीलिया रोग हो गया था और वह बच नहीं सका। अपनी शादी के 3 वर्ष पश्चात ही बहादुर की मौत हो गई थी।

मुझे उसका चाय बनाने का तरीका और आज अपने पोते का चाय में चीनी पहले डालो, तब चाय अधिक स्वाद बनती है, सुनकर लग रहा है बहादुर का पुनर्जन्म हुआ है मेरे घर। अब तो ये सारा घर, घर की एक-एक वस्तु पर मेरे बाद उसी का हक रहेगा और मुझे तो बहादुर कहता ही था "मैं यहीं रहूँगा।"

पता नहीं क्यों मुझे पूरा विश्वास है अब बहादुर की आत्मा इस शरीर में बहुत खुश हैं।

■■■

# 15. भीष्म पितामह की बहन "प्यारी"

पाचों बहन-भाई रामप्यारी को पांच पांडवों की तरह घेरे बैठे थे। उसका पोर पोर भीष्म पितामह की तरह घायल था। उसकी कहानी सुनकर शायद आप भी उसे भीष्म पितामह की बहन कहने लगें। क्या आप भीष्म पितामह को जानते हो। यदि आप उन्हें नहीं जानते तो आपको प्यारी की कथा में कैसे रुचि होगी। भीष्म पितामह एक ऐसी शख्सियत थे जिन्होंने अपनी निष्ठा, अपनी राज गद्दी और अपनों के प्रति अंत तक बनाये रखी थी। कुरुक्षेत्र में कौरवों और पांडवों के बीच होने वाले युद्ध के दौरान जब अर्जुन द्वारा भीष्म पितामह को घायल कर दिया था और वह जमीन पर गिर गये थे तो कहा जाता है कि उनके लटके हुए सिर को सहारा देने के लिए कौरव शीघ्र ही अपने महल से गददे ले आये थे। भीष्म पितामह का पूरा शरीर लहुलुहान था। भीष्म के सिर को सहारा देने के लिए अर्जुन को याद किया गया था और तब विचलित हृदय और अश्रु भरी आंखों से अर्जुन ने अपने तरकस के वाणों के द्वारा उनके सिर को सहारा दिया था। अगर भीष्म चाहते तो किसी और को यह कार्य सौंप सकते थे परंतु सत्य तो यह है कि जिसे हम प्यार करते हैं वो हमें कितनी भी तकलीफ पहुंचा दे उसके लिए प्यार खत्म नहीं होता। इस मृत्यु शैय्या पर भीष्म 58 दिन तक बने रहे थे और बाद में श्री कृष्णा के समक्ष इन्होंने अपनी इच्छा से अपने प्राणों का त्याग कर दिया था।

आज रामप्यारी के पास कोई श्री कृष्ण नहीं थे पर वह लंबे समय से मृत्यु शैय्या पर थी, शायद 58 से भी अधिक दिन हो गये थे। सुनीता को विश्वास था वह मर नहीं सकती उसने अपने जीवन की डोर एक वचन के तहत बहुत पहले ही उसके हाथ सौंप दी थी। अद्र्शती से पहले जब वह स्वस्थ थी तो उसने अपने जीवन के अनमोल साल सुनीता के साथ बिताये थे। न जाने यह कैसा बंधन था जो उसने अपनी बेटी सुवंदना के बच्चों के साथ बना लिया था। शायद यह रामप्यारी की निष्ठा ही थी जो भीष्म

की तरह अपने परिवार के साथ जुड़ी रही थी। रामप्यारी के परिवारजनों ने जीवन की पहली बेला में अपना रिश्ता उसके साथ पूरे मनोयोग से निभाया था। चौदह साल की उम्र में रामप्यारी की शादी हो गयी थी। शादी के बाद, पाकिस्तान के समृद्ध परिवार की वह बहु बन गयी। सिर के बालों पर लगाने वाले गहनों से लेकर पैरों की पायल तक सोने, मोती, हीरों, और जवाहरात की स्वामिनी थी। इन गहनों से लदे इनका बदन थक जाता था। परिवार की इकलौती बहु को किसी भी हाल में इनसे छुटकारा न था। रामप्यारी की बेटी बताती है गहनों की संख्या के कारण ये अपने गहने पीतल की बाल्टी में उतार कर रखती थी। कहते हैं जीवन में जवानी के दिन अविस्मरणीय होते हैं, परन्तु रामप्यारी के लिए ये दिन ऐसे हो गये कि ये वास्तव में उन्हें कभी भूल नहीं पाई। शादी के बाद के तीन वर्ष इसके लिए स्वर्णिम वर्ष रहे। जब भगवान ने इन्हें बेटी और बेटे का सुख दिया, सारा परिवार प्यारी रामप्यारी का दुलारा हो गया था। इन्हें हाथों हाथ रखा जाता। कौन सा सुख था जो इन्हें नसीब न हुआ हो। समय कब एक सा रहता है।

पाकिस्तान के गुजरांवालां शहर में अचानक चली देश प्रेम की आंधी से कोई व्यक्ति बच न सका था। देश की स्वतंत्रता की भावना जोर पकड़ती जा रही थी। देश भक्ति का जज्बा अचानक बुलंदियों पर पहुंच गया। पता नहीं किसकी नजर लग गयी थी हंसते-खेलते परिवारों को, रात-रात भर गलियों और चौबारों पर, खेतों और खलिहानों में, घरों की छतों पर कौन सी ऐसी जगह थी जहां देशभक्तों की टोलियों ने बैठकें न की हों, देश की आजादी के लिए अपने नेताओं के कहे अनुसार काम न किये हों। रामप्यारी के पति भी कारोबार को दरकिनार रख इस ज्वाला में कूद पड़े थे। अपने देश को आजाद कराने में जहां लाखों लोगों ने शहादत दी, वहीं प्यारी के पति भी एक दिन आजादी के इस यज्ञ में आहूति बन गये थे। इसके बाद अचानक सब कुछ बदल गया था। रामप्यारी के शरीर से बचे खुचे गहने भी नदारद हो गये। अब एक-एक सांस में घुटन और एक-एक कदम पर बाधाएं इनका गहना बन गयी थी। पति के न रहने के बाद अपने दोनों बच्चों, बेटी सुवंदना और बेटे धर्म को पालना ही इसका मकसद था। वो जानती थी इस मकसद के कारण ही उसे अपने परिवार में अहम स्थान प्राप्त था इसलिए अपने लिए अहम स्थान बना रहे, वो भरसक प्रयास करती रही। जब इनका बेटा धर्म पांच साल

का हो गया तो स्कूल जाने लगा। स्कूल में उसकी दोस्ती अपनी कक्षा के पाल से हो गयी। दिन तो बीतते ही हैं। उसे स्कूल जाते एक साल हो गया था, धर्म अपनी कक्षा में अव्वल आया था। रामप्यारी ने सुख के बीज बोने शुरु कर दिये थे। रामप्यारी के जीवन में अचानक एक ऐसा अंधड़ आया कि उसके जीवन से सुख के बोये बीज दूर कहीं उड़ गये। चूंकि बीज बोये हुए कुछ ही दिन हुए थे इन्हें उखड़ने और बिगड़ने में भी समय नहीं लगा। एक दिन जब धर्म स्कूल से लौटा तो उसे बहुत तेज बुखार था। उसने आते ही बताया कि उसके दोस्त पाल की मौत हो गयी है। प्यारी ने पता किया तो बात सच थी स्कूल में ही हैजे के कारण पाल को बचाया न जा सका था और दूसरा सच और भी दर्द नायक था कि धर्म दूसरे स्कूल के बच्चों के साथ पाल के अंतिम संस्कार में शामिल हो कर आया था। वो जमाना ऐसा था कि इस तरह की बीमरियों का कोई तोड़ नहीं निकला था। धर्म को ऐसा बुखार चढ़ा कि फिर उतरा ही नहीं, बेहोशी की हालत में अपने दोस्त का नाम याद करते हुए तीसरे दिन उसने भी आंखें बंद कर लीं। रामप्यारी के जीवन में दुखों का अंत यही हो जाता तो भी गनीमत होती। आने वाले समय में बदलती हुई परिस्थितियों ने हालात ही बदल दिये थे।

मैं जानती हूं ये प्यार की बीमारी सब से बड़ी और लाइलाज बीमारी है। अगर प्यार सच्चे मन से किया जाये और बदले में आपको दु:ख मिले तो प्यार बहुत ही जानलेवा चीज है। जिसने भी सच्चे मन से इसे निभाया है उसे अधिक दुख ही मिले हैं। धर्म की मौत से प्यारी का जीवन ही लुट गया था। प्यार और वो भी मां का प्यार, रामप्यारी का जीवन बंजर हुई भूमि की तरह कंटीला हो गया। अब सुवंदना ही उसका सहारा थी। उसने कभी उसे लड़की नहीं समझा। कल्पना और सच में जितना अंतर होता है उतना ही समझने में और होने में अंतर हैं। ससुराल में उसके साथ व्यवहार असहनीय होता गया। उसके मन में बराबर एक प्रश्न आता, क्या औरत का अपना कोई अस्तित्व नहीं।

यह बात आज से लगभग 85 साल पहले की है। कोई सोच नहीं सकता उस समय की मानसिकता और परिस्थितियों में इन महिलाओं को अपने जीवनयापन में कितनी कठिनाइयां आती थीं। राम प्यारी का जीवन भी कठिनाईयों के इन्ही गहनों से बिंधा था।

औरतें अपनों बच्चों के लिए क्या-क्या नहीं सहतीं, किससे छिपा है ये सब। राम प्यारी का तो जीवन ही उसकी बेटी थी। कभी-कभी उसे उसपर बहुत प्यार आता आखिर क्या किस्मत लेकर-जन्मी है, उदासी और एकांत के दिनों को जीते हुए एक दिन अपनी बेटी सुवंदना को साथ लेकर रामप्यारी अपनी मां के घर जाने के लिए तैयार होने लगी। बहुत कम जरूरत का समान लेकर वह तैयार हो गयी। घर से चलते हुए सुवंदना ने एक कीमती चांदी का गिलास रास्ते में पानी पीने के लिए उठा लिया तो उसकी फूफी दादी ने गिलास उसके हाथ से लिया और कहा कि अपनी नानी से कहना वो तुझे ऐसा गिलास ले दे। देखा जाये तो बात बहुत बड़ी नहीं, अगर सोचा जाये तो असहसनीय है।

जो भी दुखा हुआ व्यक्ति होता है उसे छोटी सी बात भी बहुत दुखा जाती है। उस दिन रामप्यारी ने किसी को कुछ नहीं कहा, उसने वह गिलास दुबारा नहीं उठाया और बाहर आ गयी।

उसे मां के घर पहुंचने में बस के सफर से काफी समय लगना था। बस में बैठने से पहले उसने चार आने का एक साधारण गिलास खरीदा और सुवंदना के हाथ में दे दिया। जहां सुवंदना उस नये गिलास को लेकर खुश थी वहीं रामप्यारी उस गिलास को बेटी के हाथ में थमाते हुए बहुत ही दुखी। बस में बैठते ही शादी में अपने पति और ससुराल से मिले अनेक सुंदर उपहार, गहने, जेवरात और सारा मान-सम्मान उसे रुलाने के लिए काफी था। क्या पति की मृत्यु के साथ ही सब स्वाह हो गया है। क्या उस घर में से एक चांदी के गिलास पर भी उसका हक नहीं रहा। रामप्यारी को अपने बेटे धर्म पर अभिमान था, वह अपना जीवन उसके सहारे काटना चाहती थी पर भगवान को यह भी मंजूर नहीं था। उसे यह अहसास हो गया था कि इस घर के वारिस के न रहने के बाद अब इस घर में रहना असंभव होगा। विधवा होने के बाद के जीवन की अनेक बुरी यादें उसके जीवन में नासूर बन फांस की तरह गड़ी हुई थी। सुवंदना के हाथ से गिलास लिये जाने के बाद उसने मन ही मन एक फैसला किया और आसुंओं भरी आंखों में अपनी बेटी के भविष्य के लिए एक मजबूत किश्ती की रुपरेखा बना ली।

मां के घर रामप्यारी आ तो गयी और जब उसने अपनी मां को अपना निर्णय सुनाते हुए कहा कि वो अब उस घर में वापस नहीं जायेगी। मां ने

माथा पीट लिया और उसे समझाया कि इस घर में भी कोई पुरुष नहीं है। आज तो सुवंदा छोटी है, मैं अपने ऊपर कोई जिम्मदारी नहीं ले सकती। मां ने रामप्यारी को बहुत डराया और समझाया कि वह वापस ससुराल लौट जाये। उस दिन उसने सारी बातें आराम से सुनीं लेकिन टस से मस न हुई। वह ससुराल के व्यवहार से बुरी तरह आहत हो चुकी थी।

मां क्या कहती, बेटी को उसने अपने घर से बाहर तो धकेलना नहीं था। रामप्यारी के ससुराल से एक बार यह संदेशा जरूर आया कि रामप्यारी अपना सामान अपने गहने जेवरात आकर ले जाये ताकि जब सुवंदना की शादी हो तो उसे दिये जा सकें। रामप्यारी बहुत ही स्वाभिमानी औरत थी संदेश लाने वाले व्यक्ति को उसने कह दिया, "मैं अब वहां नहीं जा सकूंगी जिस घर ने मेरी बेटी को एक चांदी का गिलास पानी पीने के लिए नहीं लेने दिया गया, वो लोग आगे मेरी बेटी का क्या सोचेंगें। वो एक गिलास मैं वापस उसी घर में लाती लेकिन अब आप मेरा ये संदेश उन्हें दे देना" सोने-चांदी के गहने मेरी बच्ची का भविष्य नहीं बना सकते और यह भी कह देना कि जहां सम्मान न हो वहां एक पल भी बिताना नर्क को चुनना है। रामप्यारी ने उस संदेश वाहक जो उनके शहर का ही था ससुराल लौटने से साफ मना कर दिया था।

असम्मान मिले अपने दुखते हुए मन से सुवंदना को रामप्यारी ने वहीं के एक स्कूल में दाखिल करा दिया था। पहले ही दिन से राम प्यारी को अनेक दिक्कतों का सामना करना पड़ा। उसने ठान ही लिया था कि हार नहीं मानूंगी। जितनी कठिनाइयां आती गयी उतना ही वह कठोर होती गयी। इतनी कठोर कि अब उसे प्रकृति के बदलाव भी बेअसर लगते। कड़ाके की सर्दी में भी ठंडे पानी से प्रात स्नानः उसका प्रिय शौक बना रहा। सुविधाएं इतनी कम थी कि उन्हें सुवंदना के लिए वह सहेज कर रखती। उसने विपरारीत परिस्थितियों का मुकाबला करने का सोच ही लिया था। कपड़ों की सिलाई वो जानती थी। कढ़ाई में उसका कोई सानी न था। रामप्यारी की मां से जितना बन सका वो अपनी बेटी का मनोबल बड़ाती रहीं। इस बीच उसे अपने ससुराल से कई बुलावे आये। फूफी-दादी ने अपने किये के लिए माफी भी मांगी, परतु दिल का घाव बहुत गहरा हो चुका था, माफी की कोई गुंजाईश नहीं बनी। ऐसा नहीं कि रामप्यारी आने वाले कष्टों से घबराई

न हो। राम प्यारी ने कई बार सोचा भी वापस लौट जाये परंतु घायल दिल ने अनुमति ही नहीं दी।

अभावों, दिक्कतों के साथ सुवंदना ने मैट्रिक की पढ़ाई पूरी कर ही ली। शहर में इनका नाम हो गया। सुवंदना अभी चौदह वर्ष की हुई थी कि इसकी शादी के प्रस्ताव आने लगे थे। "होई है वहीं जो राम रचि राखा", भारत–पाकिस्तान विभाजन की लहर में हुई मार काट भला कौन भूल सकता है। एक ही रात में दूसरों को सहारा देने वाले बेसहारा हो गये थे। अमीर रातों–रात गरीब हो गये थे, लूटपाट के जरिये लोग खून–खराबों तक उतर आये थे। ऐसी ही एक भयावह रात में रामप्यारी को अपना घर–बार छोड़कर वहां से निकलना पड़ा था। यहां से सुरक्षित निकलने में इनकी सहायता करने वाला वहां का एक आला सरकारी अधिकारी था। उसने पूरा इंतजाम कर दिया था जिससे ये लोग पजांब के कस्बे में बनाये गये एक सरकारी कैम्प में पहुंच जायें। कैम्प में सरकार की तरफ से यह व्यवस्था थी कि पाकिस्तान से आने वाले रिफयूजियों को रहने के लिए घर या जगह दी जाये। कैम्प में पहुंचने के दो चार दिनों के बाद पानीपत में इन्हें एक प्लाट आंवटित हो गया। प्लाट तो मिल गया, पर क्या घर बनाना इतना आसान था।

सुवंदना अब समझदार हो गयी थी। उसने नानी द्वारा अपनी कमर के साथ बांध कर लाये गये सोने चांदी के जेवरात को बेचने पर विचार करने के लिए कहा ताकि अपने लिए रहने का स्थान बन सके। लाया गया सामान उस समय 1200 रुपये का बिका। पता किया गया तो ये राशि रहने लायक घर बनाने के लिए पर्याप्त थी। राम प्यारी ने अपना जीवन नये सिरे से शुरू करने के लिए मन बना ही लिया था।

रामप्यारी एक दिन बहुत अंचभित हो गयी जब उसने एक सुंदर नवयुवक को अपने पिता के साथ अपने घर पाया। ये लोग रामप्यारी की बेटी सुवंदना का रिश्ता ले कर आये थे। रामप्यारी को बताया गया कि इनके बारें में पाकिस्तान के एक आला अधिकारी ने बताया है। रामप्यारी समझ गयी और मन ही मन भगवान का धन्यवाद करने लगी। सुवंदना की नानी यह जानकर बहुत खुश हुई कि लड़का एक सरकारी कर्मचारी है। बातचीत में पता चला कि लड़के के पांच भाई हैं और एक बहन। सुवंदना को पता चला तो एक पल को उसका मन हुआ कि मना कर दिया जाये परंतु आने वाले युवक की

सुंदरता और शिक्षा से वह प्रभावित हो चुकी थी। दोनों तरफ से जरूरी बातें हुईं, रस्मों और रिवाजों को पूरा करते हुए सुवंदना की शादी की तैयारियां होने लगीं।

राम प्यारी के मायके में सिवाय मां के कोई नहीं था। दूर दूराज के कई रितेदारों ने इस शादी में अपनी सराहनीय भूमिका निभाई और सादे ढंग से सुवंदना ब्याह कर अपने कुरुक्षेत्र के पास के एक गांव में अपने पति राजकुमार के घर आ गयी। राजकुमार के अलावा घर के सभी लोग पुराने विचारों के थे। यहां इसे ज्यादा दिन नहीं रहना पड़ा, क्योंकि राजकुमार की तैनाती दिल्ली में हो गयी थी। दिल्ली रवाना होने से पहले सुवंदना अपनी मां और नानी को मिलने आयी और विदा होकर दिल्ली अपने पति के साथ चली गयी। उसके जाने के बाद रामप्यारी की दिनचर्या ही बदल गयी। वह उदास रहने लगी। उदासी अपने आप में ही एक बड़ी बीमारी है और रामप्यारी ने इस बीमारी को अपनाये रहने से इन्कार कर दिया।

दिल्ली से सुवंदना ने मां को खत लिखा और उसे बताया कि वह मां बनने वाली है। यह सूचना रामप्यारी को अंदर तक हिला गयी। उसे लगता उसकी बेटी बहुत छोटी है और अकेले वह कैसे संभाल पायेगी। सच्चाई तो यह थी कि वह सुवंदना के बिना अकेले रहना उसके लिए दुश्कर था। उसने अपनी बेटी के लिए अपनी मां को छोड़ने का फैसला कर लिया। एक दिन रामप्यारी ने दिल्ली जाने का सोच लिया और अपनी मां से विदा ले कर वह हमेशा के लिए दिल्ली चली आयी, बिना यह सोचे कि उसका दामाद और बेटी क्या उसे अपने साथ रखेंगें।

दिल्ली पहुंचकर रामप्यारी ने अपना सर्वस्व, अपना जीवन होम कर दिया। सुवंदना के घर पहली बेटी ने जन्म लिया, फिर दो साल के बाद दूसरी बेटी हुई। राजकुमार अपने दायित्वों को भली भांति पूरा करता हुआ अपने काम काज में बना रहा। दो बेटियों के होने पर सुवंदना के ससुराल वालों की विपरीत प्रतिक्रियांए हुईं। सुवंदना को बेटिया जनने की मशीन कहा गया। उसे और उसके मायके वालों को अनेक तानों और उलाहनों का सामना करना पड़ा कि न तो इसकी मां के घर बेटा है, न इसकी मां की मां घर बेटा है, देखना सुवंदना के घर भी बेटा नहीं होगा। सुवंदना की बीमार सास इन बातों से दूर हमेशा सुवंदना को अशीष देती, "तेरे पांच पुत्र हों और तेरी खूब

सेवा करें"। सुवंदना को भगवान पर और बड़ों के आशीर्वाद पर पूरा भरोसा था। दूसरी ओर यह भी उतना ही सच था कि वह अपने ससुराल वालों के इन उलाहनों से टूट गयी थी पर उसने हिम्मत नहीं हारने का हुनर अपनी मां से सीख लिया था। रामप्यारी ने अपने समय का एक-एक पल सुवंदना और उसके बच्चों के लिए देना तय कर लिया था। दोनों बेटियां सुनीता ओर सुषमा रामप्यारी को ही अपनी मां समझती।

समय बीतता रहा। एक वर्ष के बाद सुवंदना ने पहले बेटे को जन्म दिया। सारा घर चहक उठा। ताने मारने वालों की बोलती बंद ही नहीं हुई इस खुशी के अवसर का उन्होंने जम कर आनंद उठाया। अगले वर्ष एक और बेटा हुआ और तीसरे वर्ष एक और बेटा। सुवंदना और रामप्यारी की खुशी का पारावार न रहा। दिन बीतते जा रहे थे। बच्चों की सारी जिम्मेदारी रामप्यारी पर थी। सुवंदना ने घर संभाल लिया और रामप्यारी ने बच्चे। उन सबकी शिक्षा, खाना, रात का दूध, स्कूल की वर्दियां ये सब जिम्मा रामप्यारी का जिम्मा बन गया था। इस बीच हर साल गर्मी की छुट्टियों में रामप्यारी इन बच्चों को लेकर अपनी मां के घर पानीपत चली जाती।

एक बार सूचना मिली कि रामप्यारी की मां बहुत बीमार है। रामप्यारी सुवंदना की बड़ी बेटी सुनीता को लेकर पानीपत रवाना हो गयी। राजकुमार खुद इन दोनों को रेलगाड़ी में बिठा आया। पानीपत पहुंचने पर रामप्यारी ने देखा उसकी मां अचेत हैं, किसी ने जोर से कहा "रामप्यारी आ गयी है", मां ने आंखे खोली और पूछा, "सुवंदा आयी है"। "नहीं उसकी बेटी आयी है" किसी ने जवाब में कहा। उसने आंखें खेलकर दोनों को देखा, मिलने के लिए हाथ उठाये और जैसे ही रामप्यारी उसके गले लगी, मां के हाथों ने उसे जकड़ लिया! मां ने इस बार ऐसा जकड़ कर पकड़ा कि उसे हमेशा के लिए छोड़ गयी। जन्म देने वाली और दुःख के समय साथ देने वाली मां का साथ छोड़ देना रामप्यारी के लिए बड़ा आघात था।

सुवंदना और राजकुमार ने दिल्ली लौटने से पहले रामप्यारी को कहा कि आप यहीं पानीपत में रह जाओ ताकि हम लोग कभी-कभार यहां आते रहे। रामप्यारी ने ये बात नहीं मानी और मात्र सोलह सौ रुपये में यह घर अपने किसी दूर के रिश्तेदार को बेच दिया। ये बात सुवंदना को और राजकुमार को बहुत बुरी लगी। सुवंदना चाहती थी कि मायका घर बना रहे और दूसरी

तरफ रामप्यारी सुवंदना और उसके बच्चों के बिना रह नहीं सकती थी। इतने बरस इनके साथ रहकर अकेलेपन को चुनने से रामप्यारी ने इन्कार कर दिया था। पानीपत में बेचे गये घर से मिले रुपये उसने राजकुमार को दे दिये थे और उन्ही पैसों से दिल्ली के घर की रुपरेखा बदल दी गयी। रामप्यारी की निष्ठा इन बच्चों के प्रति बढ़ती ही रही। समय बीत ही जाता है, बीतता रहा। सुवंदना की बड़ी बेटी सुनीता ने स्कूली शिक्षा पूरी कर सरकारी नौकरी पा ली थी। अब सब बच्चे भी शिक्षा के महत्त्व को जान गये थे। सुनीता के बाद अगले पांच साल में सुवंदना के सब बच्चें नौकरी पर लग गये थे।

अचानक एक दिन रामप्यारी को कम दिखना शुरू हो गया। बात संभलती इससे पहले ही रामप्यारी की आंखों की रोशनी ही चली गयी। आप्रेशन और तीमारदारी बेअसर रहे। सुवंदना की दोनों बेटियों की शादी हो गयी। जिन बेटों को रामप्यारी और सुवंदना ने बहुत मांग-मांग कर लिया था अब उनकी शादी की बारी थी। बड़े बेटे की शादी हो गयी, उसकी बहु बहुत शरीफ घर से आयी थी। उसने जी भर कर रामप्यारी की सेवा की। एक वर्ष के बाद इसके घर जुड़वा बच्चों ने जन्म लिया। अब राम प्यारी की बारी थी सेवा करने की। आंखों से न दिखने के बावजूद वो हर काम करने की कोशिश करती। बच्चों को गोद में घंटों उठाये रखती। उन्हें दूध पिलाती, उनके के कपड़े बदल देती। फिर सुवंदना के दूसरे बेटे की शादी हुई। दो साल के बाद इसके भी पहले बेटा हुआ, अगले साल बेटी हुई। सुवंदना के सबसे छोटे बेटे की भी शादी धूमधाम से हो गयी। इसके भी तीन बच्चे हो गये। इन सबके द:ख-सुख में शामिल होती, रामप्यारी पचहत्तर वर्ष की हो गयी। सुवंदना की बेटियों की शादी के बाद से ही रामप्यारी का जीवन दु:खों से घिर गया था। जीवन में सुख क्या है ये तो इसने कभी देखा ही न था। जवानी में अपने पति की मृत्यु और बेटे की अकाल मृत्यु से उभरने के लिए इसने अपनी बेटी को सहारा बना लिया और सुवंदना और इसके बच्चों के सुखों में ही ये अपना सुख तलाश करती रही। समय के साथ-साथ रामप्यारी का शरीर कमजोर होता गया, लेकिन उसे भी दरकिनार रख कर रामप्यारी सबकी सेवा में लगी रहती। फिर जब आंखों से दिखाई देना कम शुरू हुआ और बाद में आंखों से दिखना बिल्कुल बंद हो गया तो इसका जीवन उसके अपने लिए भी और परिवारजनों के लिए भी असहनीय हो गया। रामप्यारी

की जीवन के ऐसी कई घटनाएं हैं जिनके उदाहरण यहां दिये जा सकते हैं, जिसे सुनकर आप द्रवित हो जांये। चूंकि अब जब रामप्यारी कुछ भी करने में असमर्थ थी। अपने घर की सारी जिम्मेदारी सुवंदना पर आ गयी। अपने घर के काम काज में उलझी सुवंदना के पास अपनी मां के लिए चाहते हुए भी समय नहीं रहता।

रामप्यारी के पास खाना रखने के बाद कोई उसे यह बताने के लिए नहीं होता कि थाली में सब्जी क्या रखी है, पानी कहां पड़ा है, कई बार पानी खाने की थाली में हीं गिर जाता। रामप्यारी ने किसी को दुःख देना तो सीखा नहीं था, गीली रोटी को ही खा लेती। कभी सब्जी बहुत गर्म होती तो कभी रोटी ठंडी हो जाती। रामप्यारी ने चुप्पी को अपना साथी बना लिया था। हालांकि रामप्यारी किसी पर बोझ नहीं बनना चाहती थी परंतु अपने चाहने से क्या हो सकता है। जब तक ये समर्थ थी सबकी चहेती थी, बाद में केवल मजबूरी बनकर रह गयी थी रामप्यारी।

लोगों ने कई बार सुना था अपने अंधेपन और बीमारी के कारण रामप्यारी मरने की दुआ करने लगी थी। रामप्यारी मरना नहीं चाहती थी लेकिन वह सुवंदना को किसी भी हाल में परेशान नहीं करना चाहती थी। एक दिन रामप्यारी बहुत बीमार थी और घर में कोई नहीं था। रामप्यारी के बचने की कोई आशा नहीं थी। वैसे भी इसका जीवन आशाओं और निराशाओं के बीच झूलता रहा था। सुनीता को जब खबर मिली तो वो रामप्यारी को अपने घर ले आयी। सुनीता ने जी जान से उसकी तीमारदारी की और वो बिल्कुल ठीक हो गयी। उसके ठीक होने पर सुनीता खुद बीमार हो गयी। रामप्यारी की बीमारी के दौरान सुनीता का संवेदनशील मन भयग्रस्त हो गया था कि शायद रामप्यारी मर न जाये, उसकी मृत्यु का भय उसकी बीमारी का कारण बन गया। वास्तव में जिसे हम जी जान से प्यार करते हैं उसके न रहने की कल्पना ही भयावह है। रामप्यारी ने जब प्यार से पूछा तो एक दिन सुनीता ने रो रोकर अपने दिल की बात रामप्यारी को बता दी। रामप्यारी उसके प्यार को देख बहुत रोई। सुनीता अभी भी ठीक नहीं हो पा रही थी रामप्यारी की मृत्यु के भय ने उसे भीतर तक बेंध दिया था। सुनीता का प्यार और उसकी अवस्था देख कर रामप्यारी ने उससे वायदा कर दिया कि जब तक सुनीता उसे नहीं कहेगी रामप्यारी नहीं मरेगी। ये बात केवल सुनीता और रामप्यारी ही जानते थे।

पिछले दिनों सुनीता को अपनी मां का फोन आया और उसने बताया कि उसकी नानी बहुत बीमार है। सुवंदना ने छोटी बेटी को भी फोन कर दिया। नानी को मिलने सब बहन भाई आ गये। रामप्यारी अचेत थी। पिछले कई दिनों से वह बिस्तर पर थी। उसकी दुनिया मानों बिस्तर पर सिमट गयी थी। सुवंदना जी जान से सेवा कर रही थी। सुनीता ने जब अपनी नानी को इस हालत में देखा तो कराह उठी। सुवंदना ने उसे अपने पास बुलाया और कहा बेटी मैं जानती हूं तू अपनी नानी को बहुत प्यार करती है, परंतु इसको इस बुरी हालत में देख क्या तुझे अच्छा लग रहा है। तेरी नानी ने मुझे बताया कि जब तक तू आकर नहीं कहेगी ये प्राण नहीं त्यागेगी। अब जो तुझे ठीक लगे कर। सुनीता को अपनी मां पर बहुत गुस्सा आया, कैसी बेटी है जो अपनी मां की मृत्यु की इच्छा कर रही है।

खैर, अंतिम दृश्य यह है कि सुनीता अपने बहन भाइयों के साथ रामप्यारी के बिस्तर के पास बैठी है। रामप्यारी की सांसे चल रही हैं। सुनीता लगातार रो रही है। सब बहन भाई अपनी नानी के साथ बीते अनेक पल याद कर रहे हैं। सुबह स्कूल में छोड़ने और दोपहर को स्कूल से वापस लाने के अनेक दिन और घटनाएं। सुनीता को लगता है नानी सब सुन रही है। वो सब बतिया रहे हैं। रात के ग्यारह बज गये हैं। सबने खाना खा लिया है लेकिन नानी बेहोश है। सुनीता की मां उसके पास आकर बैठ गयी। रामप्यारी को देखते हुए बोली इसकी ये हालत मुझसे देखी नहीं जाती, भगवान इसे क्यों नहीं उठाता। वह रोने लगी। सुनीता सब समझ रही थी।

सुनीता ने अपनी बहन और अपने तीनों भाइयों को रामप्यारी के पास बुलाया। पांचों ने पांडवों की तरह रामप्यारी को घेर रखा था। सुनीता ने नानी को आवाज लगाई "पाबी (पंजाबी में सम्मान वाला संबोधन) सुन," वो नहीं हिली, न ही उसने आंखें खोली। सुनीता ने फिर बुलाया "पाबी सुन अपनी आंखे खोल।" वो बेहद कमजोरी की शिकार थी शायद, उसने आंखें नहीं खोली पर उसके चेहरे पर आये भावों से सुनीता ने भांप लिया कि वो उसे सुन रही है। उसने रोते हुए कहा "पाबी तू भगवान के घर जाना चाहे तो चली जा, हम सारे बहन भाई तुझे अगले जन्म में जरूर मिलेंगें। सुनीता की निगाह रामप्यारी के चेहरे पर टिकी थी, उसने देखा उसकी बात खत्म होते ही रामप्यारी की एक आंख से आंसू निकल आया है। सुनीता की बात

उसके कानों में पहुंच चुकी है सुनीता जान गयी। सब लोग वहीं बैठे हुए थे। सुवंदना ने अपने सब बच्चों को कहा कि वे दूसरे कमरे में आराम कर लें। मैं पाबी के पास बैठती हूं। वो सब दूसरे कमरे में गये तो सब थके हुए थे न जाने कब उन सबकी आंख लग गयी। रात के दो बजे सुवंदना ने सुनीता को जोर से बुलाया तो वो हडबड़ाकर नानी के कमरे में भागी। उसने देखा नानी के प्राण पखेरु उड़ चुके थे। सुवंदना ने सुनीता को अहसान भरे लहजे में देखा और फूटकर रो पड़ी। सुनीता मां के गले लग गयी और पूछा "क्या मैं इसकी मौत की जिम्मदार हूं।"

सुवंदना के सामने पिछले अस्सी वर्ष का दर्दीला इतिहास घूम गया वो अपनी मां के इस अंत से अत्यंत दुखी थी। मृत्यु तो होनी ही थी सृष्टि का परम सत्य जो ठहरा। बस सुनीता आज तक रामप्यारी की मृत्यु के लिए स्वयं को दोषी मानती है और मैं मानती हूं हर व्यक्ति के भीतर भीष्म पितामह की शक्ति होती है। रामप्यारी की मौत और उसकी जीवन निष्ठा देखकर मैंने उसे भीष्म पितामह की बहन कहा है।

आज मैं सुनीता को अर्जुन कहना चाहती हूं जिसने 58 दिनों के बाद अपने शब्दों के तीर चलाकर रामप्यारी के जीवन को बंधन से मुक्त कर दिया था। पता नहीं आप मेरी बात से कितना सहमत होंगे। अगर मैं सुनीता होती तो मैं भी अपने को कभी माफ नहीं कर पाती।

**899 रानी बाग, दिल्ली 110034**

■■■